W0304625

Réussir ses galops juniors 1 et 2

Réussir ses galops juniors 1 et 2

Marine Oussedik
Guillaume Henry

Conforme au nouveau programme

Belin

Dans la même collection

Réussir ses Galops 1 à 4, Guillaume Henry, Marine Oussedik, Belin, 2012.

Réussir ses Galops 5 à 7, Guillaume Henry, Marine Oussedik, Belin, 2013.

ISBN 978-2-7011-9163-8

Sommaire

Passer ses Galops 8

Galop 1

À côté du poney

- La famille du cheval et du poney 10
- Le cheval et le poney 10
- Le club 12
- La sellerie 14
- Capter l'attention de son poney 16
- Aborder son poney au box 16
- Aborder son poney à l'attache 18
- Reconnaître sa gauche et sa droite 19
- Mettre un licol 20
- Attacher son poney 21
- Le premier pansage 22
- À l'attache 23
- Mener son poney en main 24
- Les principales parties extérieures du poney 25

Sur le poney

- Entrer dans la carrière ou le manège 26
- Vérifier le sanglage et la place de la selle 26
- Se mettre en selle sans étriers 28
- Se mettre en selle avec une aide extérieure 28
- Prendre ses rênes 29
- Être assis dans une bonne posture 30
- Marcher au pas 31
- Tourner 31
- Faire une diagonale 32
- Ralentir et s'arrêter 33
- Les premières foulées de trot assis 35
- Le premier galop 36

En descendant du poney

- S'occuper de son poney après l'avoir monté 38
- Enlever le filet 39
- Enlever la selle 40
- Laver le mors 41
- Ranger le matériel dans la sellerie 41
- Les parties du licol 42
- Les parties du filet 42
- Les parties de la selle et de la bardette 43

Un peu de théorie

- Respecter le poney 44
- Observer les poneys 45
- Les expressions et les postures du poney 46
- Notions sur les allures 48
- Les aides naturelles et artificielles 52
- Les robes de base : le noir, le bai et l'alezan 53

Galop 2

À côté du poney

- Les différents types de logement 54
- Aborder son poney 56
- Lâcher son poney 57
- Le pansage 58
- Curer les pieds 60
- Mettre un filet 62
- Seller 64
- Faire reculer son poney contre le pare-bottes 66
- Mener son poney en main au trot 66
- Déplacer la tête de son poney 67
- Déplacer les hanches de son poney à partir de l'arrêt 68
- Déplacer les épaules de son poney à partir de l'arrêt 69
- Les principales parties de la tête 70
- Les principales parties des membres 71

Sur le poney

- Se mettre en selle avec étriers 72
- Régler ses étriers à pied 74
- Ressangler à poney 74
- Régler ses étriers à poney 75
- Chausser ses étriers 76
- Ajuster ses rênes 77
- Prendre et se servir d'une cravache 78
- Piste à main gauche ou à main droite ? 79
- Trotter 80
- Galoper 83
- Changer d'allure 85
- Les lettres de manège 86
- Les figures de manège 86
- Sauter un petit obstacle 88
- La position d'équilibre 88
- Descendre et rentrer à l'écurie 90

En descendant du poney

- Entretenir le harnachement 92
- Distribuer les aliments 94

Un peu de théorie

- Les comportements des poneys entre eux 96
- Les cinq sens du poney 98
- Le comportement alimentaire du poney 100
- L'importance de l'eau 101
- Les autres robes 102
- Les aides pour avancer 104
- L'impulsion 104
- Les races de chevaux et de poneys 105
- Les principales disciplines équestres 106
- Les règles élémentaires de sécurité à mettre en pratique à poney 108

Passer

Chaque sport possède ses « grades ». À poney, tu passeras tes **Galops**, qui sont délivrés par la Fédération Française d'Équitation.
Il existe 9 Galops, organisés selon la découverte, le perfectionnement et la maîtrise du cheval et de l'équitation.

Tes bottes ou tes chaps sont propres (cirées ou lavées à l'aide d'une éponge).
Être cavalier, c'est aussi un état d'esprit, fait de respect pour son cheval et de courtoisie envers les autres. Tu arrives à l'heure, tu t'occupes de ton poney avec attention, tu es poli et souriant avec les juges.

Est-ce qu'il est obligatoire de passer ses Galops ?

Non, ce n'est pas obligatoire, mais c'est ton intérêt ! Ces examens sont complets. Passer de l'un à l'autre te permettra d'avoir une progression régulière, complète, sans faire des impasses sur des domaines fondamentaux comme les soins ou la théorie. Cela te permettra aussi de voir tes progrès à poney.

Comment faire pour passer ses Galops ?

En parler à ta monitrice (ou ton moniteur) : c'est elle et elle seule qui peut te dire si tu as le niveau de l'examen que tu veux passer. D'une manière générale, on a coutume de dire « un Galop par an ».
Tu dois avoir une licence fédérale (Fédération Française d'Équitation) en cours de validité. Tu dois aussi avoir :
- un harnachement propre et soigné ;
- un cheval correctement pansé ;
- une tenue propre : ton haut (pull, sweat-shirt) est de couleur sombre (bleu marine ou noir), tu as un pantalon d'équitation de couleur claire.

S'équiper

Comme tous les sports, l'équitation nécessite une tenue adaptée permettant de pratiquer avec aisance et sécurité.

- Le plus important est le **casque**. Le casque *trois points* adapté à l'équitation est le plus recommandé : il est léger, reste sur la tête même en cas de chute, et protège la nuque.

- Des **bottes** de type « bottes en plastique vertes » peuvent suffire. Mais si tu continues, il faut que tu investisses dans des bottes d'équitation (en plastique, en caoutchouc ou en cuir) ou dans une paire de boots associée à des mini-chaps.

Évite surtout les chaussures de ville (type para boot) qui ne montent pas jusqu'à la cheville, ainsi que les baskets, sandales et autres chaussures sans talons.

- Le meilleur **pantalon** est la culotte d'équitation. L'investissement n'est pas trop important et elle permet vraiment d'être à l'aise à cheval.

ses Galops

Si un jogging peut faire l'affaire, le jeans, lui, est déconseillé, car ses coutures à l'entrejambe te gêneront considérablement.

- Une paire de **gants** d'équitation est conseillée en hiver.

- Pour le « haut », prends des vêtements dans lesquels **tu es à l'aise**, en évitant ce qui est long ou large (les pulls jusqu'en bas des fesses par exemple).

Ton **manteau** sera plutôt court, ajusté et « respirant » (évite le « K-way »). Là encore, il existe de nombreux modèles très bien adaptés qui se portent avec ou sans doublure, avec ou sans manches, etc. Pour se protéger du froid, il faut multiplier les épaisseurs : un pull, éventuellement un deuxième, un gilet sans manches, une doublure de blouson, un blouson. Si tu as chaud, tu enlèves les « couches » les unes après les autres, et tu les remets dans l'ordre inverse dès que la séance se termine.

Pour t'aider à devenir un véritable homme (ou femme) de cheval, relis la charte du cavalier disponible sur le site internet de la Fédération Française d'Équitation (http://www.ffe.com/club/Pedagotheque/Charte-du-cavalier-A3) et apprends le contenu de ces trois grands paragraphes :
– je respecte mon poney ou mon cheval,
– je respecte les autres et l'environnement,
– je respecte les valeurs du sport.

À côté du

La famille du cheval et du poney

Le poney est un mammifère de la « famille » des équidés. Le genre équus est représenté par quatre groupes (ou espèces) : le **poney** (*caballus*), l'**âne** (*asinus*), le **zèbre** (*hippotigris*), l'**hémione** (*hemionus*). Dans chacune de ces espèces, on trouve des races différentes.

Le cheval et le poney

Il existe des chevaux et des poneys de différentes tailles. Certains sont grands, d'autres petits. Tu rencontreras des grands poneys et des petits poneys, des grands chevaux et des petits chevaux.

La taille d'un cheval ou d'un poney se mesure à son **garrot**. En dessous d'1,48 m il s'agit d'un poney ; au-dessus, il s'agit d'un cheval.

poney

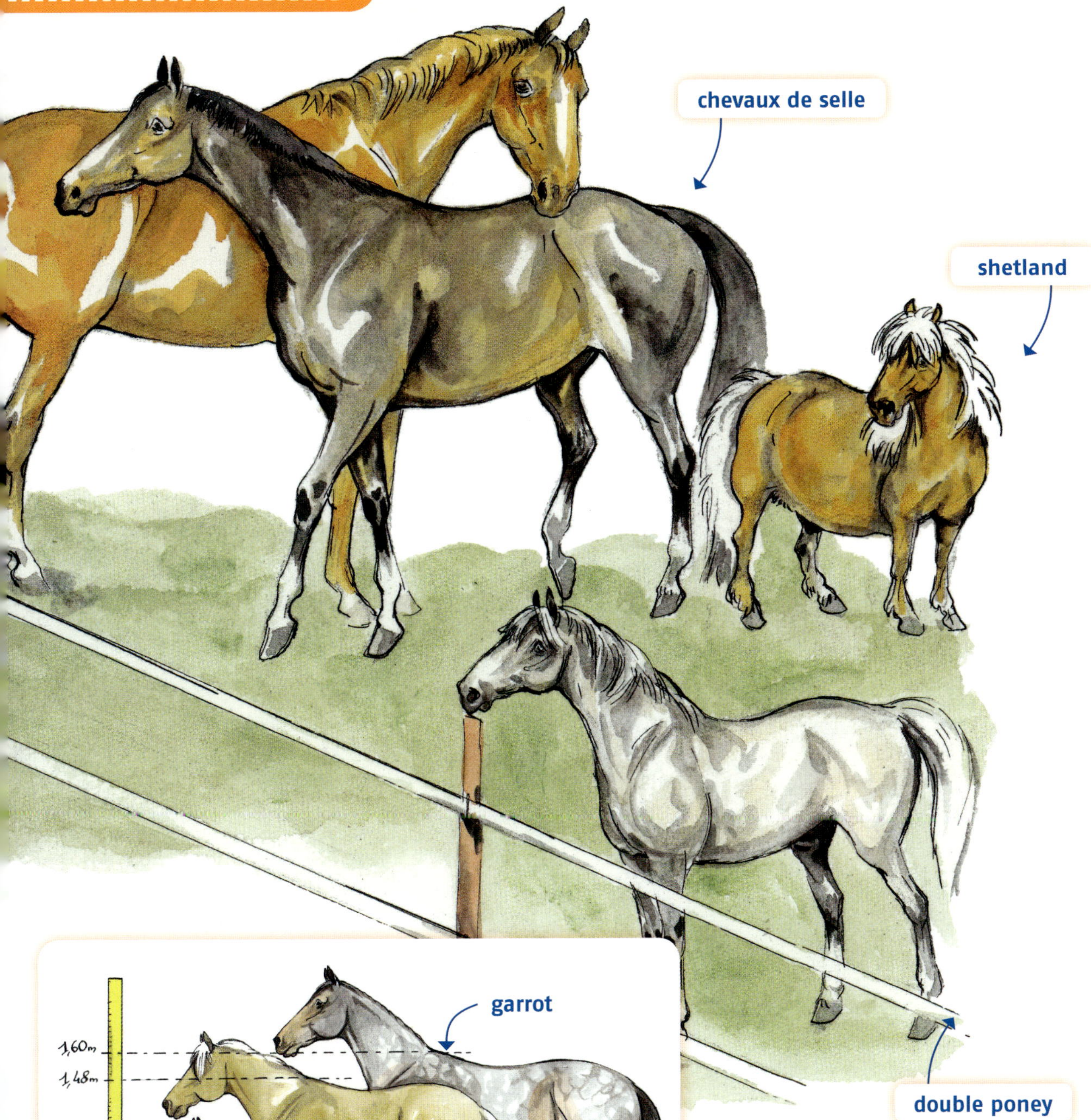

Le club

Le club house

Il s'agit de l'endroit où l'on se retrouve avant ou après être monté. C'est là que tu rencontres ton moniteur ou ta monitrice. C'est aussi là que tu trouves la **feuille de monte** (ou montoir), grande feuille sur laquelle est noté le poney que tu vas monter. Parfois, cette feuille de monte est affichée sur un tableau.

La sellerie

Dans la sellerie (voir p. 14), tu trouveras le matériel nécessaire à ton poney : selles ou bardettes, filets, tapis, matériel de pansage, protection des membres pour ceux qui en ont besoin (guêtres, protège-boulets, etc.).

L'écurie

L'écurie est l'endroit où vit ton poney. Il peut être en box, en stalle ou en stabulation libre (voir pp. 16 et 54).

La carrière ou le manège

La carrière et le manège sont les deux espaces où tu vas monter.

La **carrière** est souvent plus grande que le manège mais ne possède pas de toit.

Le **manège** possède un toit. Il peut être de différentes dimensions. Les longues planches de bois fixées sur le mur, le long de la piste, forment le **pare-bottes**. Elles sont une protection pour le poney comme pour le cavalier.

Au-dessus du pare-bottes, il y a des lettres précises, à des places précises, que l'on appelle les **lettres de manège** (voir p. 86).

La reprise est le nom que l'on donne à la leçon d'équitation.

La sellerie

La sellerie est la pièce où chaque cavalier range sa selle et tout le matériel.

La selle

La selle est ce que tu mets sur le dos du poney, pour t'asseoir dessus. La selle des chevaux est plus grosse et plus lourde que celle des poneys. Il en existe une, toute légère, pour les poneys de petite taille que l'on appelle la **bardette.**

Le licol

Le licol te permet de conduire ton poney lorsque tu es à pied à côté de lui. Tu as une corde (que l'on appelle une longe) dans la main.

Nicolas range une selle.

Le filet

Le filet te permet de conduire le poney lorsque tu es sur son dos. Pour cela, tu prends une rêne dans chaque main. Les rênes sont une partie du filet.

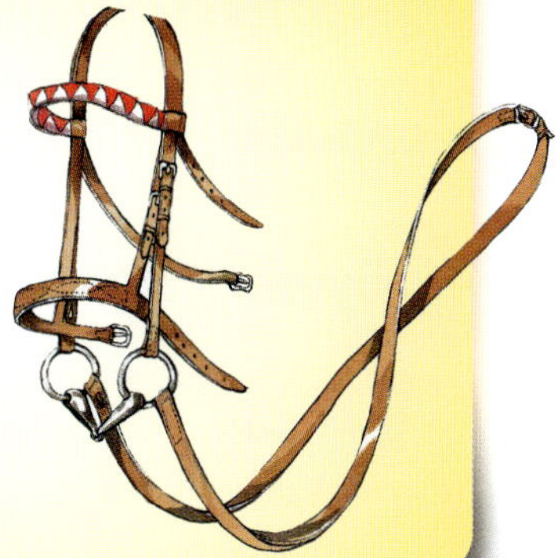

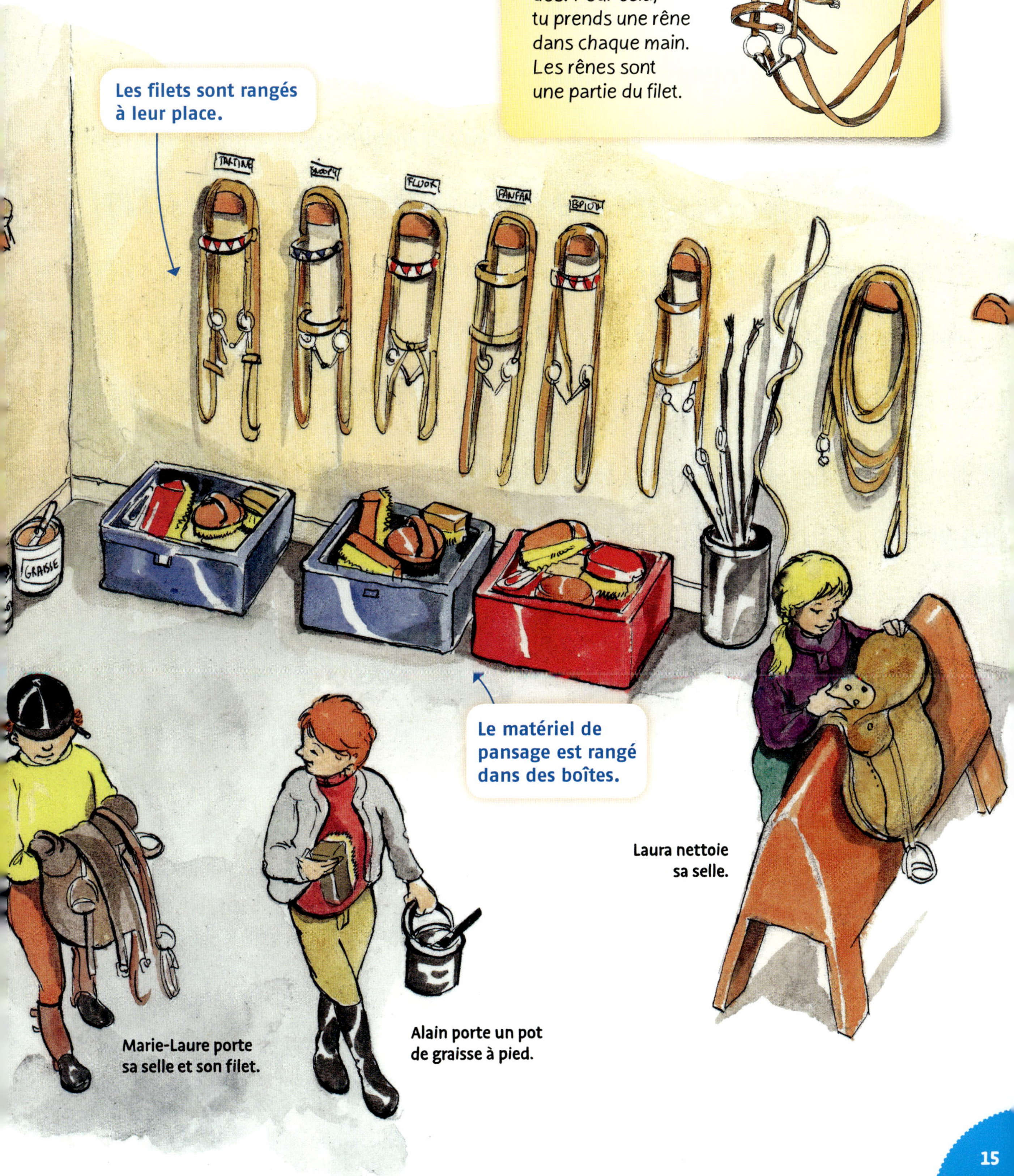

Les filets sont rangés à leur place.

Le matériel de pansage est rangé dans des boîtes.

Laura nettoie sa selle.

Marie-Laure porte sa selle et son filet.

Alain porte un pot de graisse à pied.

Capter l'attention de son poney

Avant d'entrer dans un box, un pré ou toute autre habitation du poney, tu dois **capter son attention** : préviens-le, soit par un « appel de langue », soit en l'appelant par son nom, pour qu'il ne soit pas surpris par ton arrivée.
Tu vas le caresser s'il te paraît **en confiance**.

Aborder son poney au box

Dans les clubs, les poneys vivent généralement en box ou en stabulation. Sur la porte du box, tu trouveras le nom du poney qui y habite.

Capte son attention puis, lorsque ton poney remarque ta présence et qu'il te regarde avec confiance, ouvre la porte et entre, avec franchise mais sans empressement. Rapproche-toi de sa tête et caresse longuement son encolure, puis sa tête.
S'il montre des signes de peur ou d'inquiétude, immobilise-toi et patiente, le temps qu'il prenne confiance.

Line va aborder un poney dans sa stabulation.

Conseil

Le premier contact est toujours très important. Quand tu abordes un poney, tu dois être calme et doux. Caresse-le longuement, en silence, et ne t'empresse pas de lui mettre son licol ou son filet.

On appelle **aborder**, le fait de s'approcher du poney.

Aborder son poney à l'attache

Quand il est attaché, le poney s'aborde de la même façon qu'au box (voir p. 16). Tu **captes son attention** puis tu t'approches de lui en direction de son encolure avec assurance, mais sans brusquerie, pour le caresser dès qu'il te regarde.

Évite de l'aborder par l'arrière, il existe un « angle mort » dans sa vision et tu risquerais de le surprendre.

Les signes d'un poney en confiance :

- il te regarde, son regard est franc,
- ses oreilles sont orientées vers toi,
- son encolure est relâchée,
- il reste à sa place quand il te voit (il ne cherche pas à fuir),
- il vient naturellement vers toi,
- il est calme et serein.

Reconnaître

sa gauche et sa droite

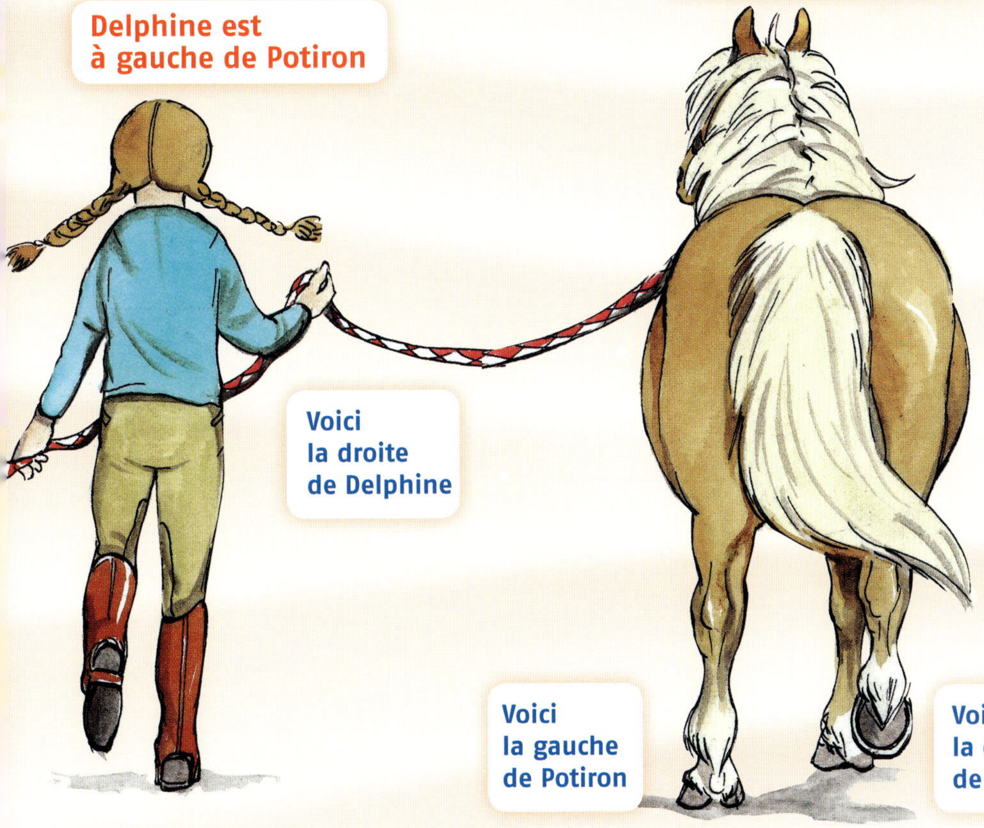

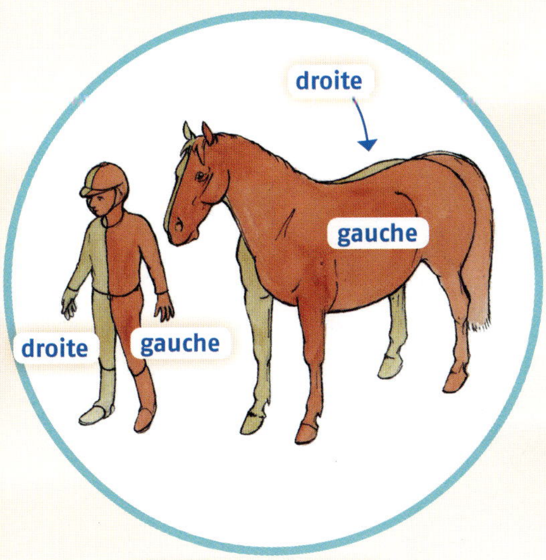

Le garçon est à
droite du poney

Le garçon est à
droite du poney

Mettre un licol

■ **Le licol** est en cuir ou en nylon. Il permet d'attacher un poney ou de le déplacer en main. Il est associé à une longe.

■ **La longe** (corde, nylon, chaîne) est reliée au licol par un nœud coulant, un mousqueton simple ou un mousqueton de sécurité.

■ **Avant de mettre le licol**, prépare-le : la boucle est défaite et tu l'as ouvert de façon à bien voir où le nez du poney va entrer.

■ **Place-toi à gauche du poney**, le dessus de tête (la longue lanière) dans la main droite, la boucle ainsi que la longe dans la main gauche ; glisse le licol autour du nez du poney, passe le dessus de tête derrière les oreilles (sur la nuque) puis attache-le **[1, 2]**.

■ **Bien réglé**, le licol n'est ni trop serré (il pourrait gêner la respiration ou étrangler le poney) ni trop grand (car le poney pourrait l'enlever). Tu dois pouvoir facilement passer la main entre la muserolle et la tête du poney, ainsi qu'entre la sous-gorge et la tête du poney.

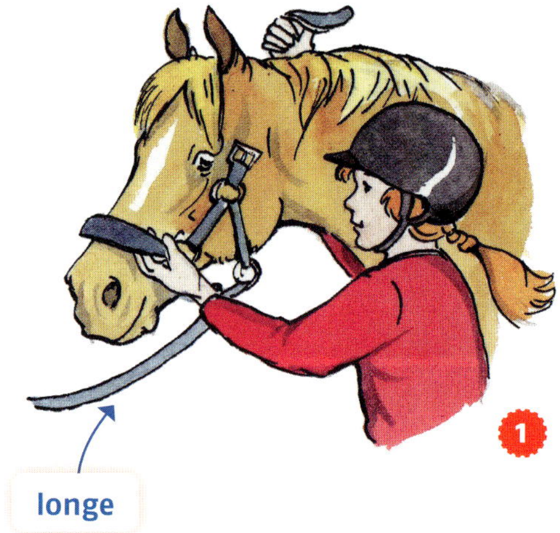

■ **Pour déplacer ton poney en main**, reporte-toi aux pages 24 et 25.

Attacher son poney

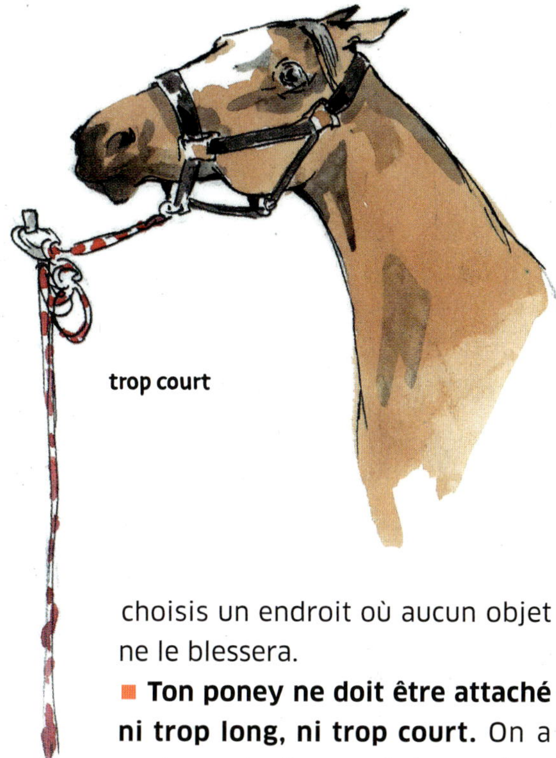

■ **Le mieux est d'attacher ton poney aux petits anneaux de fer** (que l'on appelle les anneaux d'attache) fixés dans le mur à l'extérieur des boxes, qui sont faits pour cela. S'il n'y en a pas, choisis un endroit où aucun objet ne le blessera.

■ **Ton poney ne doit être attaché ni trop long, ni trop court.** On a coutume de dire que la **bonne longueur** correspond à la longueur du bras du cavalier, ou de l'encolure : elle se situe aux environs de 80 cm.

■ **Pour attacher ton poney**, il faut faire un nœud spécial, le nœud d'attache : c'est un nœud qui peut être rapidement détaché en cas de problème.

Comment faire un nœud d'attache

Le premier pansage

Le but du pansage est de nettoyer le corps du poney pour le débarrasser de la poussière de la paille et des crins, et d'éventuelles traces de crottin.

■ Tu **passes d'abord l'étrille en gestes ronds**, afin de décoller la poussière. Attention de ne pas être brutal dans tes gestes. Tu dois être efficace mais sans lui faire mal.
Tu passes l'étrille sur les muscles, mais pas sur les membres.

■ Une fois la poussière décollée, tu passes la **brosse**. Il s'agit d'une brosse dont les poils ne sont pas trop durs pour ne pas faire mal au poney. Brosse-le avec de grands gestes dans le sens du poil (pas d'aller-retour), du haut de l'encolure vers le corps, du corps vers la croupe.

■ Brosse ensuite les membres, toujours dans le sens du poil, et donc vers le bas.

■ Enfin, brosse la tête avec beaucoup de douceur, en évitant les yeux, le nez et la bouche.

■ **Les crins** se démêlent et se nettoient avec les doigts, poils après poils. Tu peux utiliser ta brosse seulement si elle n'arrache pas les crins.

Le pansage s'effectue toujours de l'encolure du poney vers la croupe.

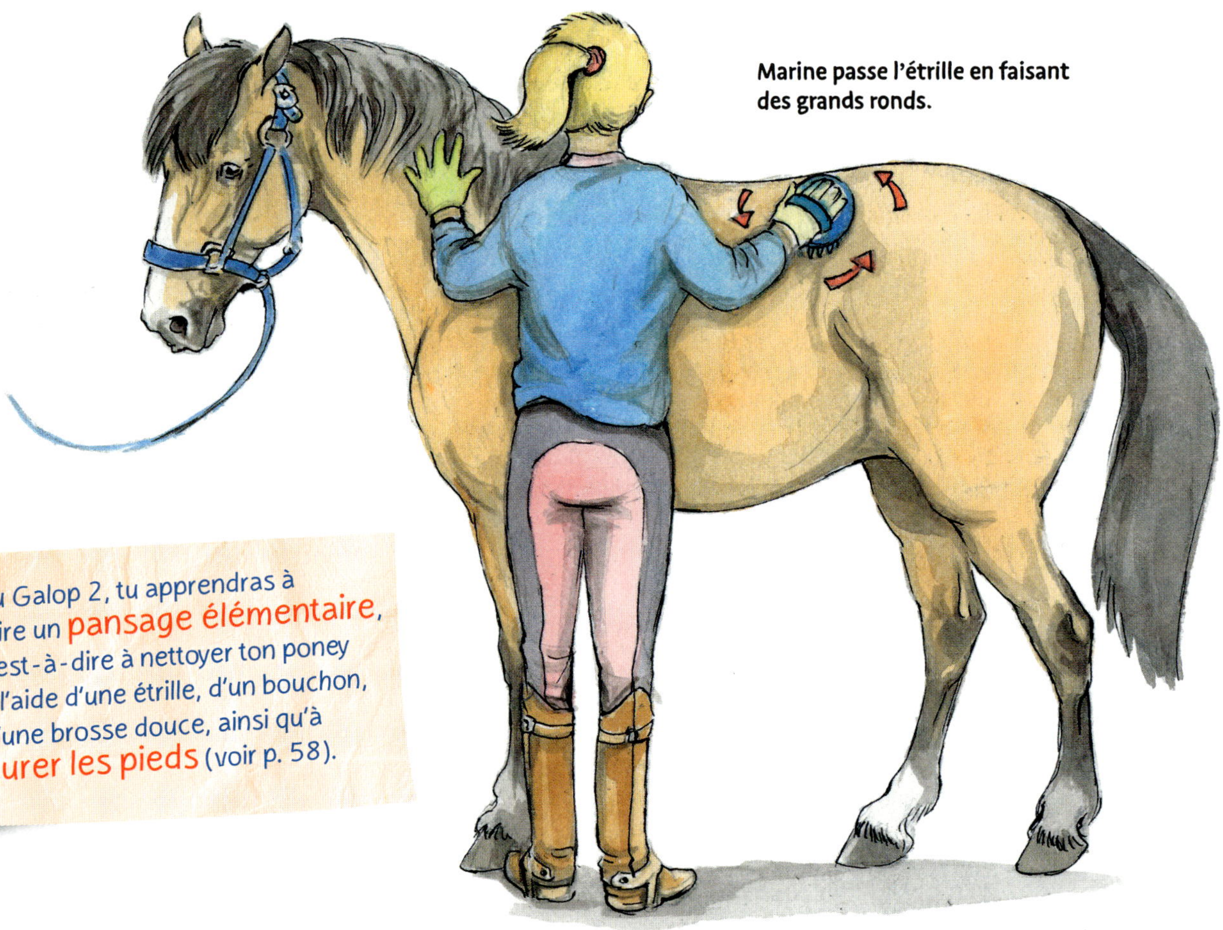

Marine passe l'étrille en faisant des grands ronds.

Au Galop 2, tu apprendras à faire un pansage élémentaire, c'est-à-dire à nettoyer ton poney à l'aide d'une étrille, d'un bouchon, d'une brosse douce, ainsi qu'à curer les pieds (voir p. 58).

À l'attache

Changer de côté en toute sécurité

Que ton poney soit à l'attache ou dans son box, il est important de toujours le prévenir de ce que tu fais. Parle-lui, caresse-le, pour conserver sa **confiance**.

Pour changer de côté, tu passes sous son encolure. S'il est trop près du mur, tu l'éloignes d'abord de toi.

Évite de passer derrière sa croupe, surtout à un mètre ou deux.

Ton poney est confiant

Le caresser

Le poney aime le contact. Mais ne le caresse pas avec de grandes claques sonores. Il préfère les caresses dans le sens du poil.

Caresse l'encolure, en observant ses oreilles et l'expression de sa tête qui t'indiqueront s'il aime cela ou non.

Ton poney est inquiet

L'éloigner de toi

Ton poney ne doit pas te marcher sur les pieds ni te bousculer. S'il est trop près de toi ou du mur, ce n'est pas toi qui recules ou te déplaces, mais lui. Pour l'éloigner, tu peux le faire reculer (voir p. 66) ou simplement « pousser » ses épaules d'un geste de la main associé à la voix.

Mener son poney en main

Pour déplacer ton poney, il y a une technique. On appelle cela **mener son poney en main**.

Te positionner à côté de ta monture

Place-toi à gauche de ton poney, la main gauche à une quarantaine de centimètres du mousqueton de la longe, la main droite tenant le flot de la longe. Ton bras droit est naturellement tendu (mais pas raide), tu es à 70/80 cm du poney.

Tu es positionné **au niveau de l'encolure**, entre la tête et les épaules de ton poney. Marche d'un pas franc, sans excès, et sans regarder ton poney.

T'arrêter

Pour t'arrêter, il te suffit de cesser de marcher. Ton poney fera de même.

Tu peux accompagner ta demande par :

- une indication de la voix,
- une indication de la voix et une action progressive sur la longe.

Mener ton poney en main au pas

Tu marches, ton poney en main.

- S'il **accélère**, ralentis-le en le freinant :
  - de la voix,
  - si cela ne suffit pas, tu ralentis toi-même,
  - tu agis sur la longe de ton licol, vers l'arrière.
- S'il **ralentit**, encourage-le de la voix et, si cela ne suffit pas, tu agis sur la longe, vers l'avant.

Dans tous les cas, tu stoppes ta demande dès que le poney y répond (c'est ce qu'on appelle **céder** - voir p. 33).

■ Pour emprunter un **passage étroit**, passe devant ton poney, qui doit te suivre en restant 1 bon mètre derrière toi.

■ **Pour tourner vers la gauche**, change tout naturellement de direction (éventuellement en exerçant une légère traction sur la longe), le poney te suivra.

■ **Pour tourner vers la droite** (le poney se trouve donc à l'intérieur du tracé), ralentis-le et fais de plus grands pas en orientant la tête du poney dans la direction demandée.

Les principales parties extérieures du poney

On dit que le chien a :
– une gueule, mais le poney a une bouche ;
– des pattes, mais le poney a des jambes ;
– un museau, mais le poney a un nez.

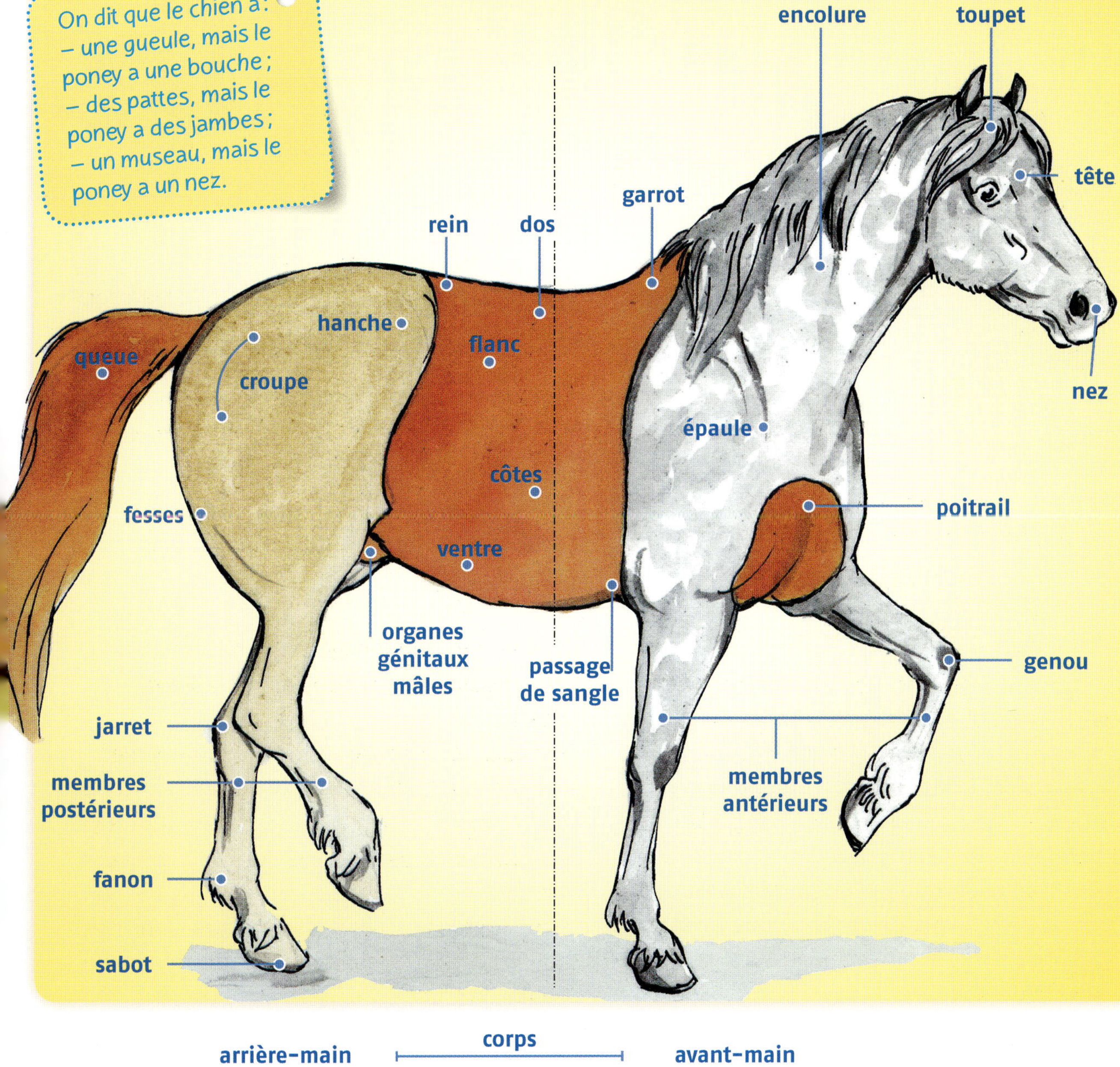

Sur le

Entrer dans la carrière ou le manège

Ton poney est en main; tu t'arrêtes à l'entrée de la carrière ou à la porte du manège pour t'assurer qu'il n'y a personne, et qu'aucun cavalier n'arrive sur la **piste**; puis tu entres, toujours à pied, en prenant la piste à main gauche (voir p. 79) [1].
Suis la piste [2], puis, au niveau du grand côté (la longueur), tu tournes [3], pour venir t'arrêter sur la ligne du milieu, parallèlement aux autres cavaliers [4].
Sans jamais lâcher ton poney, les deux rênes dans une main ou par-dessus l'encolure, tu apprends à:
1. vérifier ton sanglage et la bonne place de la selle,
2. effectuer un préréglage de tes étriers si tu en as (voir p. 74),
3. monter.

Vérifier le sanglage et la place de la selle

Avant de ressangler, assure-toi que la selle et le tapis sont à la bonne place. S'ils ont bougé, demande à ta monitrice de t'aider à dessangler, à replacer le tapis et la selle, et à **dégarroter** (voir p. 64).

poney

La piste, c'est le petit chemin qui fait tout le tour du manège ou de la carrière.

Se mettre en selle sans étriers

Tiens-toi à gauche, face à l'épaule du poney ; ajuste et prends tes deux rênes et un peu de crinière dans la main gauche.
Saute pour te mettre à plat ventre sur ta selle ; passe ta jambe par-dessus la croupe (sans la toucher) et redresse-toi.

Se mettre en selle avec une aide extérieure

Toujours placé à gauche du poney, tu prends tes deux rênes dans la main gauche avec une poignée de crins, et tu saisis le troussequin de la main droite :
- plie la jambe gauche vers l'arrière, au niveau du genou,
- l'aide prend alors ta jambe au niveau de la cheville et du genou,
- ensemble, tu te hisses en selle.

Conseil

Dans tous les cas, attends l'ordre du moniteur pour monter à poney.

Prendre ses rênes

Avant de partir au pas, il faut prendre ses rênes.

Pour **tenir tes rênes** et qu'elles ne se rallongent pas, tu **fermes tes pouces** sur les rênes. Tes pouces sont vers le haut, tes mains dans le prolongement des avant-bras, tes coudes sont au corps.

Pour **ajuster tes rênes**, va voir à la p. 77.

Pour **rallonger tes rênes**, ouvre tes pouces et laisse filer les rênes de la longueur voulue.

Pour prendre tes rênes

- *Pose tes deux mains sur les rênes, de façon à ce que tes pouces soient vers toi, les petits doigts en direction du mors.*
- *Ferme les mains : les rênes passent alors sous les petits doigts et « ressortent » entre le pouce et l'index.*

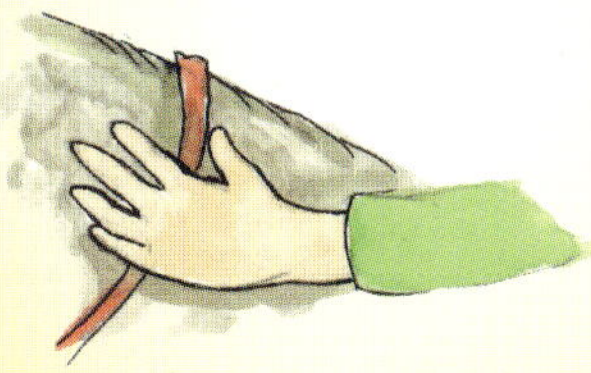

Ton moniteur ou ta monitrice peut faire un nœud à tes rênes, pour que ce soit plus simple pour toi de les tenir. Tu places alors tes mains devant le nœud.

Être assis dans une bonne posture

Le poney possède trois allures naturelles: le pas, le trot et le galop (voir pp. 48 et 50).
Pour être confortablement assis et pouvoir accompagner toutes les allures, tu dois:

- être assis d'aplomb au-dessus de tes pieds,
- rester redressé (ne pas te pencher ni en avant ni en arrière),
- relâcher tes jambes, tes genoux sont au contact de la selle sans être fermés,
- ajuster tes rênes à partir de cette attitude.

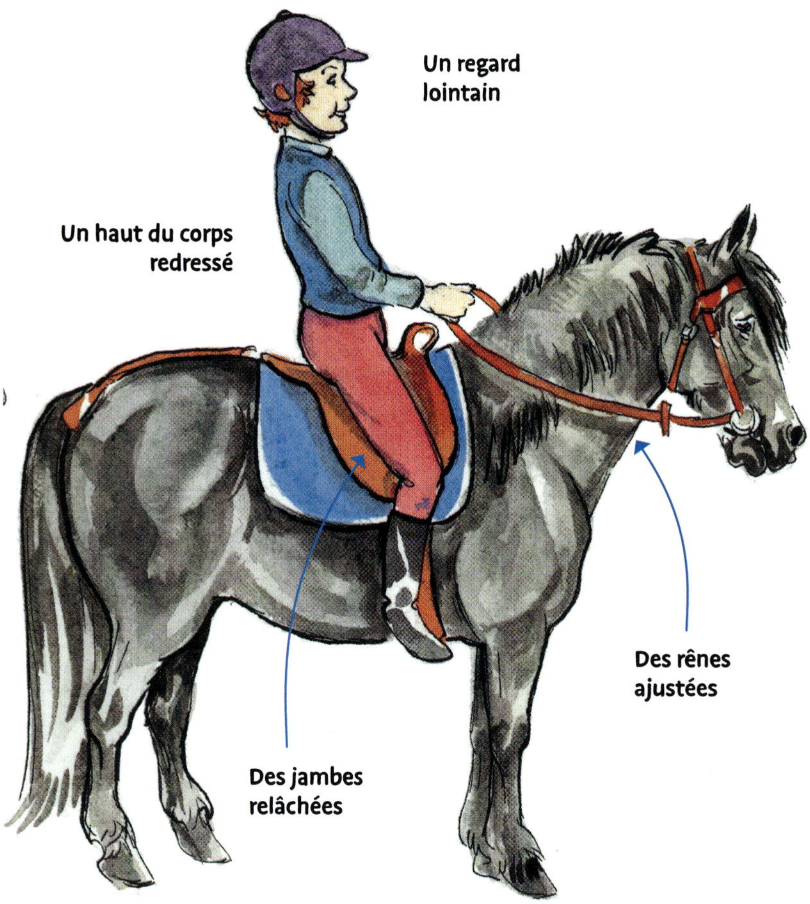

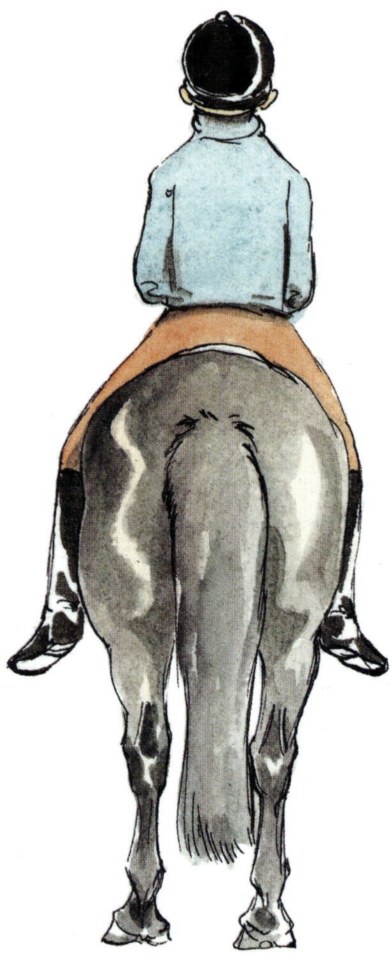

Marcher au pas

Quand il monte à poney, le cavalier communique à l'aide de ses **aides** : les mains, les jambes et le poids du corps par l'intermédiaire de l'assiette (voir p. 52).

Les **jambes** servent à faire avancer le poney, les **mains** servent à le diriger et à le ralentir.
Pour demander à ton poney de prendre le pas, tu presses tes mollets d'arrière en avant.
Si ton poney n'obéit pas, tu redemandes en donnant un petit coup de tes deux talons en même temps.

Le pas est une allure confortable. Le poney bouge un peu comme un bateau.
Pour **accompagner le pas**, il faut laisser aller le bas de ton dos tout en restant redressé.

Tourner

Pour diriger ton poney, tu te sers d'une de tes rênes et tu fais **une rêne d'ouverture**. Il s'agit d'écarter ta main, vers l'avant, dans la direction que tu souhaites prendre.
En écartant ta main tu déplaces la tête du poney. D'une certaine manière, le poney « suit sa tête ».
Tu accompagnes ta demande d'**une action de jambe**, afin de maintenir **l'impulsion** (voir p. 104), c'est-à-dire le mouvement en avant de ton poney.

Faire une diagonale

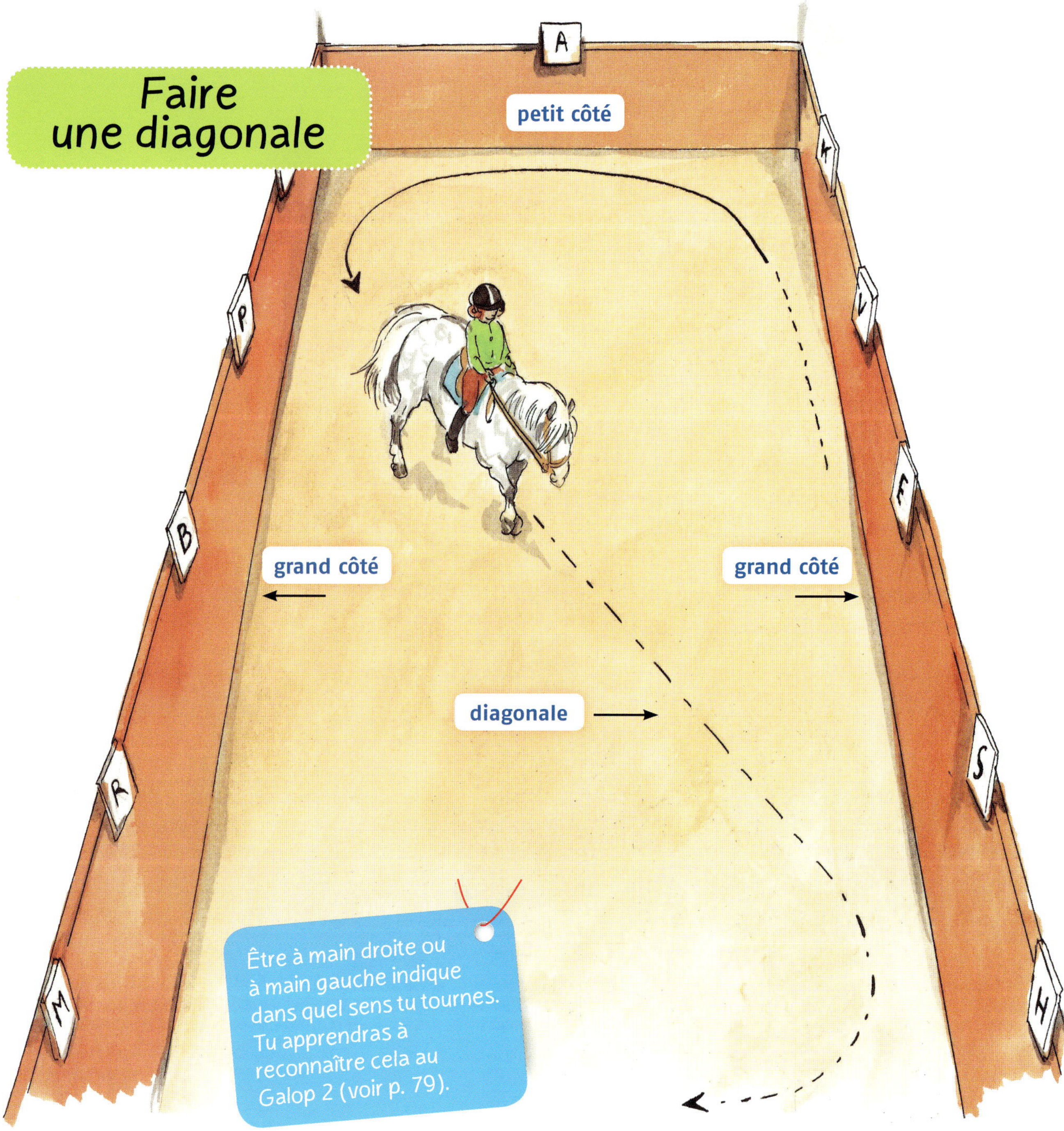

Être à main droite ou à main gauche indique dans quel sens tu tournes. Tu apprendras à reconnaître cela au Galop 2 (voir p. 79).

Une diagonale est une figure de manège qui permet de changer de sens.
Elle se débute toujours après le coin d'un petit côté. Elle se termine toujours avant le coin de l'autre petit côté.

Il existe plusieurs figures de manège : les diagonales, mais aussi les cercles et les doublers.

Ralentir et s'arrêter

Les **jambes** servent à faire avancer le poney. Les **mains** servent à le diriger et à le ralentir. Nous avons vu comment tourner, voyons comment ralentir.

Qu'il s'agisse de passer du pas vers l'arrêt, du trot au pas, ou simplement pour ralentir, tu te sers de tes rênes : en fermant tes doigts, en soutenant tes poignets et en te grandissant vers le haut **[1 et 2]**.

Dès que le poney répond, tu ouvres tes doigts et tu cesses d'agir **[3]** on appelle cela **céder**.

H
S
trot assis
piste à main droite

Les premières foulées de trot assis

Le trot est une allure qui n'est pas très confortable, car le poney saute de manière rapide et répétée.

Pour découvrir le trot assis, tu tires tes fesses vers l'avant, tu mets tes épaules vers l'arrière, et tu tiens le pommeau de ta selle ou la poignée de ta bardette, tu écartes la rêne de côté du pare-bottes.

Au trot, tu dois chercher à être tout mou au niveau du bas de ton dos, et non chercher à te raidir pour éviter les secousses.

Le premier galop

Le galop est plus rapide que le trot, mais il est plus confortable.
Il existe **plusieurs façons de découvrir** son équilibre au galop car tu peux galoper assis ou en équilibre. Chaque moniteur a sa technique pour enseigner ce premier galop.
En général, tu es au pas, sur la piste et en tête : ton moniteur demande de prendre le trot, puis le galop, afin de rejoindre la queue de la reprise (comme sur le dessin).

Si tu débutes sans étriers

Tu :

- rallonges la rêne intérieure et la tiens en même temps que le pommeau de la selle,
- raccourcis et écartes ta rêne extérieure en direction du pare-bottes afin de mettre la tête du poney vers l'extérieur pour qu'il reste sur la piste,
- penches ton haut du corps vers l'arrière, afin d'assurer ton équilibre, et mettre ton rein dans une attitude lui permettant de fonctionner au galop,
- prends le trot, puis, dans le tournant, agis avec tes jambes pour demander le galop.

Il n'y a plus qu'à te laisser porter, sans te raidir, en te laissant aller au niveau du bas de ton corps. Avec l'habitude, tu abandonneras le pommeau de la selle, tu ajusteras tes deux rênes et tu conduiras ton poney.

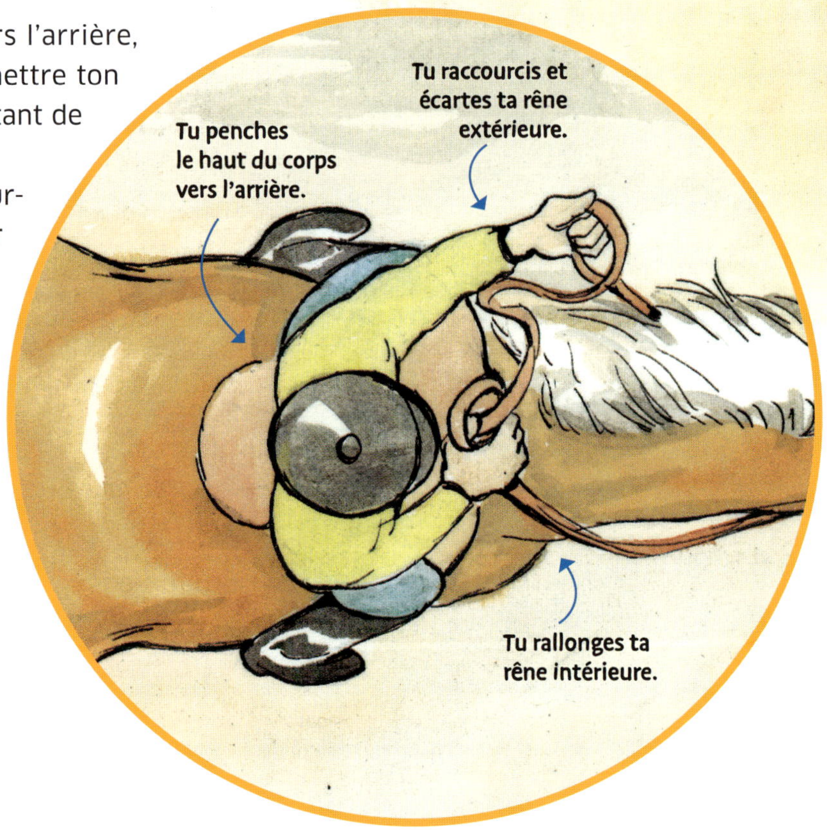

Conseil

Pour repasser du galop au trot, tu agis de la même façon que pour repasser du trot au pas ou du pas à l'arrêt (voir p. 33).

Galop 1

En descendant

S'occuper de son poney après l'avoir monté

Après ta reprise, tu dois t'occuper de ton poney. Cela veut dire le ramener à l'écurie, enlever sa selle et son filet, le brosser, puis le rentrer dans son box.

Mène ton poney à sa place.

Attache ton poney à sa place.

Range la bardette et le tapis dans la sellerie, sur un porte-selle.

du poney

Enlever le filet

Si le poney est dans son box, commence par enlever la selle et laisse-lui le filet ; détache la muserolle et la sous-gorge pour qu'il soit plus à l'aise. Si le poney a son licol autour du cou, enlève d'abord le filet, replace correctement le licol, puis enlève la selle.

Pour enlever le filet, détache d'abord la sous-gorge, puis la muserolle. Passe les rênes et la têtière par-dessus les oreilles en évitant de les écraser. Laisse le poney ouvrir la bouche pour qu'il lâche le mors.

Le filet ne se pose pas par terre. Il se range sur un porte-filet ou s'accroche quelque part, une fois que le mors est nettoyé.

Le filet est sur la tête du poney.

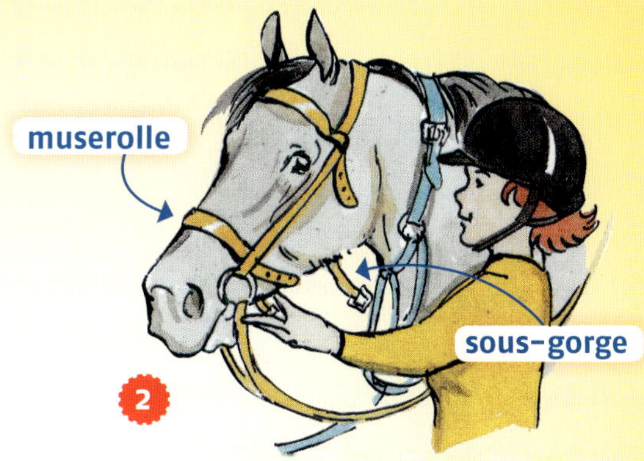

Détache les lanières qui passent sous la tête du poney.

Fais glisser le filet vers les oreilles pour l'enlever.

Fais attention à bien le passer par-dessus les oreilles.

Attention de ne pas arracher le mors de la bouche du poney, ce qui pourrait lui faire très mal.

Enlever la selle

Enlever sa selle, on appelle cela **desseler**.

Si tu as des **étriers**, ils ont été **remontés au manège**, lorsque tu as mis pied à terre (voir p. 90).

- **Dessangle et laisse pendre la sangle,** en faisant attention à ne pas la laisser tomber : elle cognerait l'antérieur **[1]**.
- **Prends le pommeau et le troussequin** et amène l'ensemble à toi **[2]**.
- Lorsque la selle est dégagée du dos et avant que la sangle ne tombe par terre, met la selle sur ton bras et place la sangle sur la selle.
- **Pose la selle sur un porte-selle.**

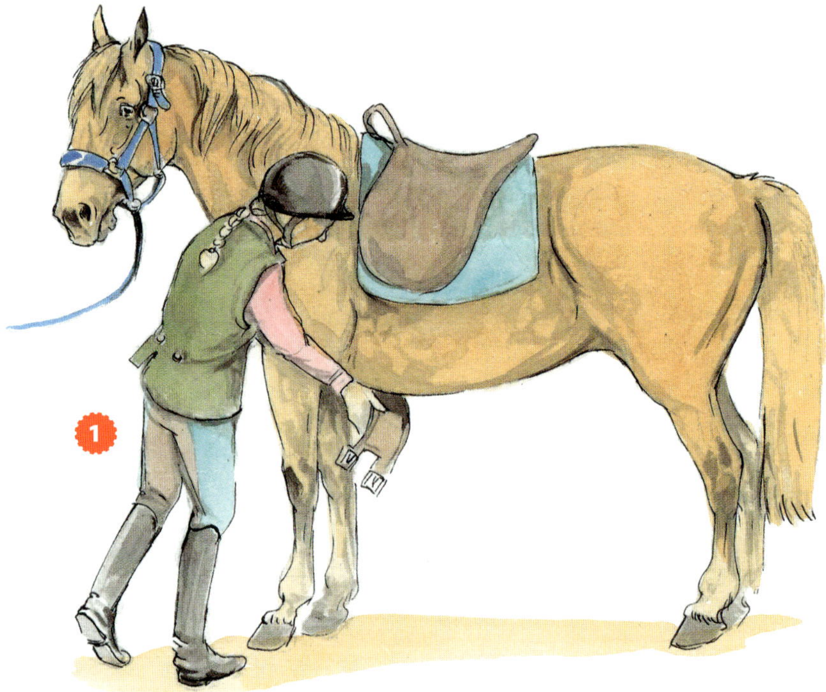

1

2

Comment poser sa selle à terre

La selle se pose comme indiqué sur le dessin. Pas d'une autre façon, car tu risquerais alors de l'abimer, et surtout de casser son arçon (la partie de bois, sous le cuir, qui forme l'ossature de la selle).

Laver le mors

Le mors se nettoie après chaque séance. Il doit être rincé dans un seau d'eau ou sous le robinet, sans mouiller les parties en cuir.
Si le mors est sale quand tu prends ton filet, tu dois le nettoyer avant de le mettre dans la bouche de ton poney.

Ranger le matériel dans la sellerie

La sellerie est le lieu où l'on prend, puis où l'on range son matériel (voir p. 14).
Le filet est rangé sur le porte-filet (ce dernier peut porter le nom de ton poney si tu pratiques dans un club où chaque poney a son matériel).

La selle est rangée sur un porte-selle, le tapis est posé par-dessus, la partie au contact du poney au-dessus pour pouvoir sécher.
Le sac de pansage est placé avec les autres.
Dans certains clubs, **les protections** doivent être rangées dans une caisse conçue pour cela.

Les parties du licol

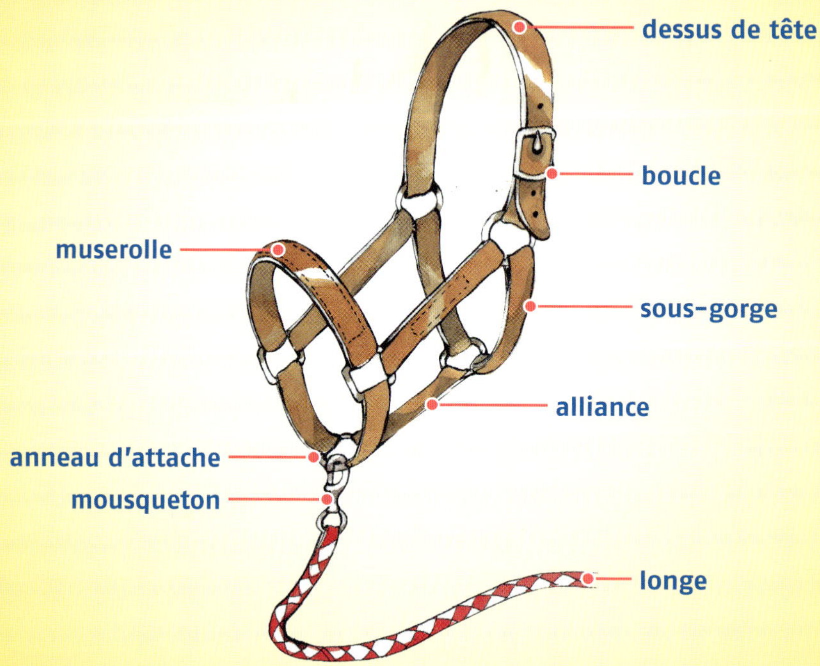

Les parties du filet

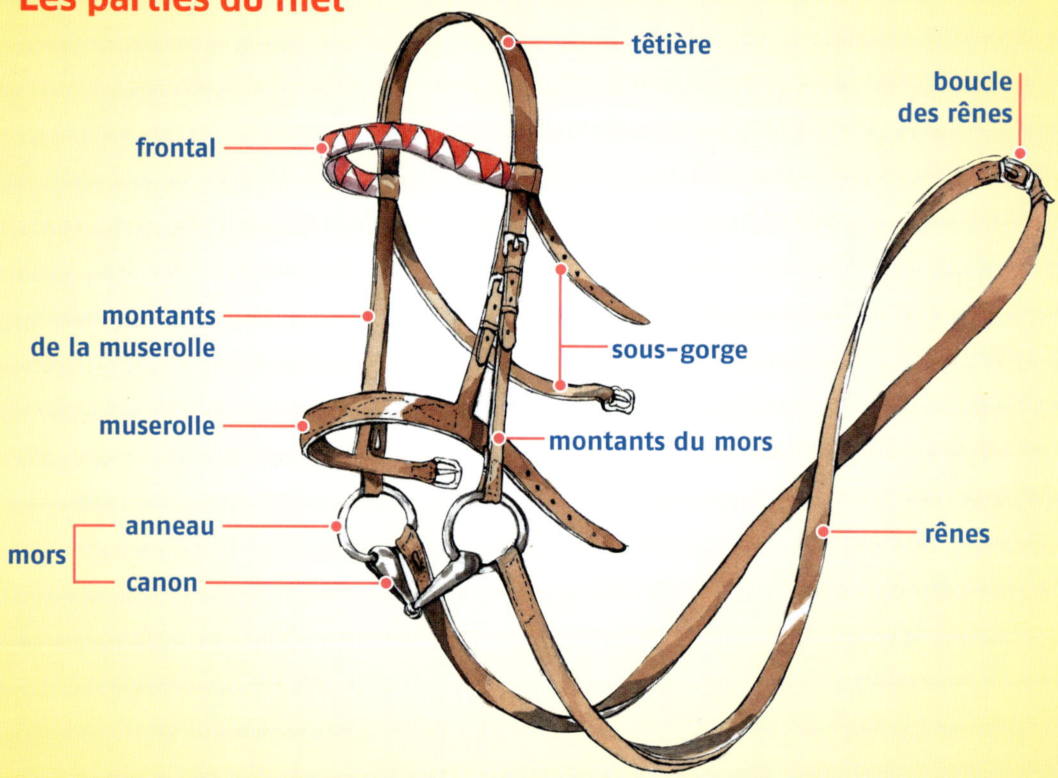

Les parties de la selle et de la bardette

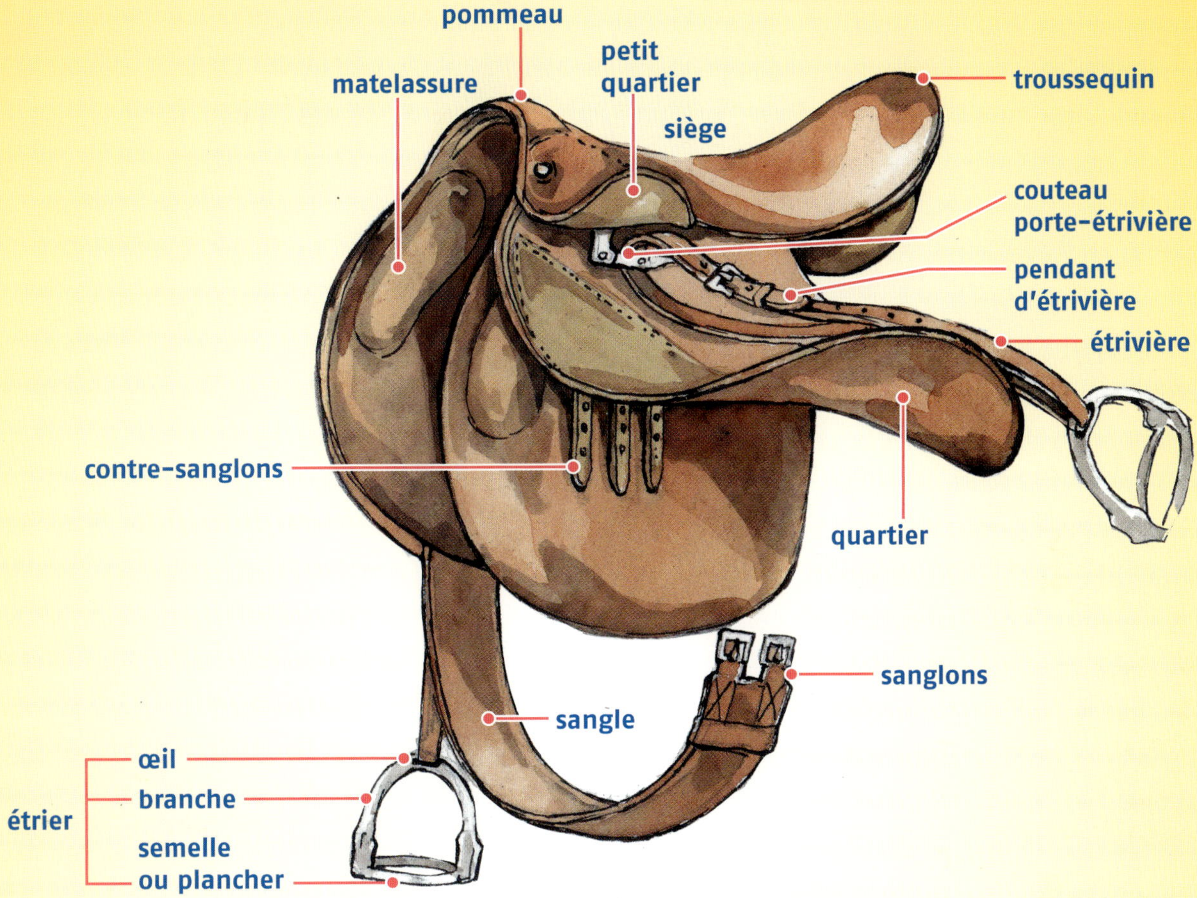

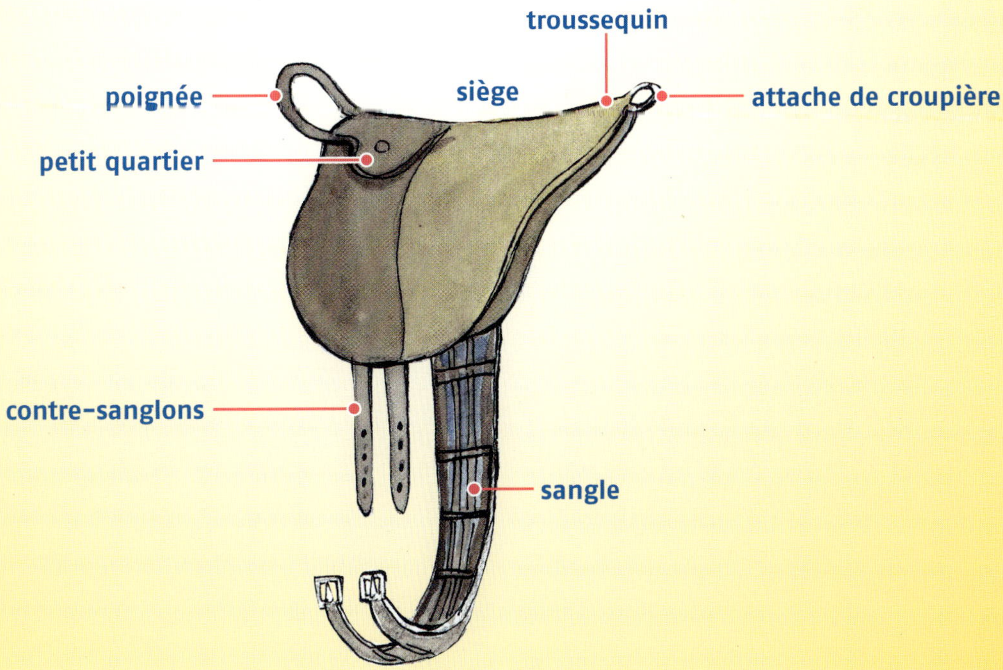

Un peu de

Respecter le poney

- Le poney n'est pas un objet. Il est un être vivant, sensible, que tu dois respecter.
- Le respect du poney est un état d'esprit qui recouvre de nombreux domaines, à commencer par toi. Tu dois rester calme et respecter ton enseignant, les autres cavaliers et tous les autres chevaux.
- Au-delà du respect du matériel, du club, de la nature et de tous ceux que tu côtoies, tu dois toujours garder à l'esprit qu'il n'y a pas deux poneys identiques. Chaque poney a sa vie avec son lot de bonnes expériences et de mauvais souvenirs.

À toi d'en tenir compte. Tu dois toujours chercher à comprendre ce qui se passe avec lui (que tu sois content de ce qu'il fait ou pas) et t'adapter.

- Comprendre et s'adapter impliquent de se former. L'ignorance du cavalier est à 99,99 % responsable des problèmes. À toi d'apprendre à toujours te remettre en question et pour cela à rester humble et à l'écoute des autres (de ta monture comme de ceux qui ont plus d'expérience).
- Aider aux écuries, pratiquer plusieurs disciplines, parler avec les anciens, lire des livres sont autant de moyens de se former.
- Apprendre à perdre, être fair-play, refuser le dopage font aussi partie du « respect du poney ».
- Tu ne dois jamais être méchant avec ton poney mais faire tout ton possible pour qu'il soit bien. Cela ne veut pas dire qu'il faut le laisser faire tout ce qu'il veut, ni ne plus rien oser faire une fois dessus. Tu dois être ferme sans être dur.
- Tu obtiendras toujours plus et plus facilement si ton poney comprend ce que tu lui demandes, et s'il est d'accord pour le faire.

Le respect du poney n'est pas automatique. Il s'apprend.
C'est une des choses les plus importantes.

théorie

Pour décrypter le comportement du poney (voir p. 96).

Observer les poneys

Pour comprendre l'autre, il faut d'abord l'observer.
Le poney est... un poney. Il réagit donc comme un poney (pas comme un chien par exemple).
C'est un **herbivore** (c'est-à-dire qu'il mange de l'herbe), qui a l'habitude de vivre en liberté, en groupe, sans territoire.
En tant que proie, il cherche à fuir le danger.
Chaque poney est un être à part, différent des autres, qui a sa propre personnalité.

Quelle que soit ton expérience, tu peux t'asseoir au bord du pré ou du paddock, ou t'appuyer au-dessus de la porte du box pour observer ton poney ou plusieurs chevaux.
Prends un cahier et un stylo et note :

- leurs mouvements, leurs déplacements (ou non),
- les expressions de leur tête ou de leur corps (voir p. 46),
- qui est à côté de qui, à quelle distance, s'il y a un poney à l'écart,
- ce que les poneys regardent, ce qui les intrigue, ce dont ils se moquent totalement,
- s'ils mangent, se reposent, se déplacent, jouent.

Le plus difficile est d'observer sans juger, de décrire sans tenter d'expliquer.

Les expressions et postures du poney

Le poney utilise des **expressions et des postures particulières** pour communiquer avec les autres animaux, ou avec l'humain (à pied comme sur son dos).

Elles sont toujours **progressives**, par étapes ; chaque posture annonce la suivante et s'arrête dès qu'il obtient une réponse.

Par exemple, un dominant, qui se fait embêter par un autre poney :

- il couche les oreilles,
- il couche les oreilles et tourne vivement la tête en direction de l'importun,
- il couche les oreilles, tourne la tête et met les dents en avant,
- il couche les oreilles, tourne la tête, met les dents en avant, et tente de mordre.

La tension du corps est aussi un indice : une encolure et un corps relâchés et une tête au niveau du garrot sont des signes de décontraction et de confiance.

Le langage de la queue

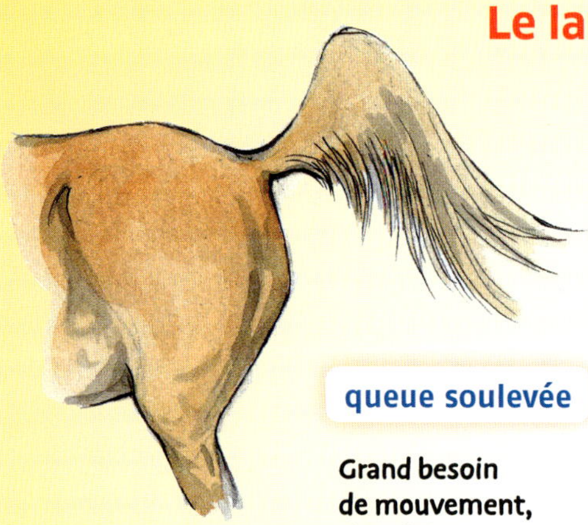

queue soulevée

Grand besoin de mouvement, signal de jeu, forte excitation.

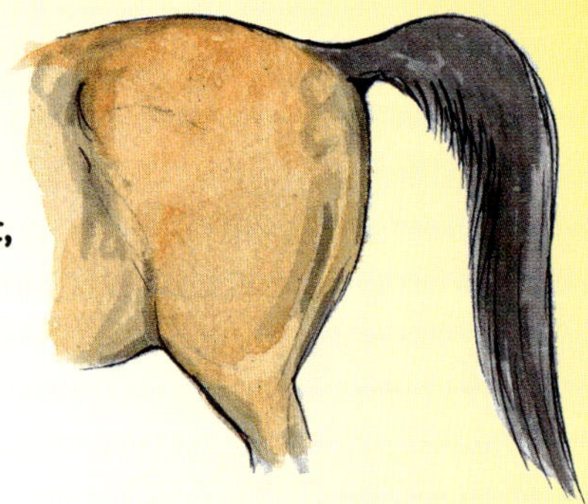

queue haute

Besoin de mouvement, attention, excitation moyenne.

queue rentrée

Peur.

fouaillement de queue

Chasse un insecte.

Le langage des oreilles

oreilles tournées vers l'avant

Volonté de coopérer, réceptivité, attention dirigée vers l'avant.

oreilles tournées vers l'arrière

Insécurité, soumission, malaise, attitude défensive, douleur, parfois peur, attention dirigée vers l'arrière.

oreilles relâchées

Somnolence, acceptation.

oreilles sur le côté et vers l'arrière

Parfois inquiétude, attention dans différentes directions.

oreilles couchées

Agressivité, grande peur, refus violent, attitude négative.

Notions sur les allures

Les allures désignent les différents modes sur lesquels le poney se déplace.
Il existe :
- des allures naturelles (le pas, le trot, le galop), que le poney prend spontanément lorsqu'il est en liberté ;
- des allures artificielles ou acquises par le dressage.

■ **Le pas** est une allure marchée à 4 temps. Le cavalier s'y sent bien. C'est l'allure de l'apprentissage et d'assouplissement pour l'un comme pour l'autre.

■ **Le trot** est une allure sautée à 2 temps. On reconnaît bien le mouvement si particulier du poney qui saute d'un diagonal sur l'autre.

LE PAS

1er temps — 2e temps

LE TROT

1er temps — projection

C'est une allure souvent inconfortable pour le cavalier, surtout dans les débuts de l'instruction.

C'est une allure de travail, de gymnastique, mais aussi celle des trottings, qui sont au poney ce que le footing est à l'humain.

■ **Le galop** est l'allure de sport par excellence et l'allure la plus rapide. Elle peut paraître impressionnante, mais elle est souvent beaucoup plus confortable que le trot.

C'est l'allure privilégiée de nombreuses disciplines : saut d'obstacles, cross, voltige, polo, horse-ball, etc.

3e temps

4e temps

2e temps

projection

Notions sur les allures (suite)

1 LE GALOP À DROITE

2 LE GALOP À GAUCHE

Le poney peut galoper à droite [1] ou à gauche [2], tu apprendras cela à partir du Galop 4.

Les aides naturelles et artificielles

Les aides sont les moyens qui te permettent de conduire ton poney et de communiquer avec lui.

Il existe :

- des aides naturelles,
- des aides artificielles.

Les aides peuvent **agir, céder ou résister**.

Les aides naturelles

■ **Les mains** agissent sur la bouche du poney par l'intermédiaire des rênes et du mors.

■ **Les jambes** agissent sur le corps du poney par pressions discontinues d'arrière en avant. Elles peuvent être renforcées par la cravache (voir p. 78).

■ **L'assiette** est ta façon de rester en équilibre et d'accompagner les allures. C'est parce que tu as une bonne assiette que tu peux monter sans t'accrocher avec tes mains ou tes jambes.

■ **La voix** permet souvent de diminuer l'action des mains, des jambes et de l'assiette. Elle rassure, gronde ou encourage le poney.

Les aides artificielles

- la cravache,
- les éperons,
- la chambrière.

Elles renforcent les aides naturelles.

Les robes de base

La robe désigne la couleur des poils et des crins du poney. Toutes les robes sont classées selon un grand tableau qui permet de toutes leur donner un nom.

Il existe trois familles de robes:

- les robes de base
- les robes mélangées
- les robes panachées.

La famille des robes de base est divisée en 4 sous-familles: le noir, le bai, l'alezan et les autres.

Famille	Sous-famille
Robes de base	Le noir
	Le bai
	L'alezan
	Les « autres »

Le noir

Très rare, les crins et les poils sont entièrement noirs. La plupart des chevaux que l'on pense « noirs » sont généralement bai brun foncé (les poils sont marron foncé).

Le bai

Les poils sont de couleur plus ou moins fauve et les crins (de la crinière et de la queue) sont noirs.

L'alezan

Les crins sont de même couleur que la robe, c'est-à-dire fauves.

Galop 2

À côté du

Les différents types de logement

Le poney peut vivre au pré, au box, dans une stalle ou en stabulation. Chaque type de logement possède ses avantages et ses inconvénients.

Le pré

Le pré est l'endroit idéal à condition que le poney ait de la compagnie (ne jamais le laisser seul), un abri (contre le vent et la pluie), un point d'eau propre. L'inconvénient du pré est l'obligation d'aller chercher le poney dès qu'on souhaite le monter, et d'être obligé de beaucoup le nettoyer (surtout l'hiver, car il est couvert de boue).
De nombreux propriétaires préfèrent l'alternative pré/box, dans laquelle le poney est au box la nuit et mis au pré la journée ou certains jours de la semaine.

Le paddock

Le paddock est un lieu clos plus petit que le pré où le poney peut se détendre quelques heures pendant la journée. Il s'y déplace librement et profite parfois de la présence des autres. Il doit disposer d'eau et de foin.

La stabulation libre

Il s'agit de grands boxes où les poneys vivent à plusieurs. Elle permet aux poneys de se déplacer et de satisfaire leur besoin de relations sociales. Par contre, il n'est pas toujours évident de venir y chercher un poney, puis de le faire sortir sans en laisser d'autres s'échapper : mais cela s'apprend (voir p. 56).

poney

Le box

Le box est une écurie individuelle d'environ 3m x 3m. Une ouverture permet au poney de regarder à l'extérieur. Le box est le moyen le plus pratique pour avoir un poney à disposition et assurer ses soins et sa surveillance. Mais il faut absolument le sortir tous les jours pour un travail varié, et si possible lui faire profiter d'un paddock.

La stalle

Il s'agit d'un espace individuel, généralement étroit, dans lequel le poney est attaché par un licol, la tête au mur. Autrefois très répandues, les stalles sont devenues rares aujourd'hui.

Aborder son poney

En stabulation

Nous avons vu comment tu abordes un poney dans un box ou à l'attache (voir pp. 16 et 18). Voyons comment l'aborder en stabulation, quand il y a plusieurs poneys.

Avant d'entrer dans une **stabulation**, prends quelques minutes pour observer les poneys qui s'y trouvent et t'assurer qu'ils sont tous calmes. Appelle celui que tu viens chercher, afin de capter son attention (voir p. 16) et éventuellement qu'il se rapproche de la porte.

Quand il te regarde, entre dans la stalle pour aller le chercher. Si tu as peur que les autres poneys s'échappent, tu peux demander à un adulte de rester près de la porte.

Va jusqu'à ton poney, et caresse-lui l'encolure puis la tête. Mets-lui son licol.

Pour sortir ton poney d'une stabulation, ne te laisse pas déborder par les autres. Écarte-les de toi, approche-toi de la porte et poste-toi devant la porte en les maintenant à distance. Sors, puis demande à ton poney de sortir avant de refermer la porte derrière lui.

Au paddock ou au pré

Aborder un poney au paddock ou au pré suit les mêmes principes qu'en stabulation. Entre dans le pré ou le paddock si tous les poneys sont paisibles et éloigne-toi de la clôture d'une dizaine de mètres. Appelle celui que tu viens chercher. Il doit venir à toi et s'arrêter à quelques mètres. Si ce n'est pas le cas, approche-toi tout en l'appelant jusqu'à ce qu'il s'intéresse à toi.

S'il est avec d'autres poneys et qu'ils viennent tous vers toi, attends qu'ils soient tous là, calmes et immobiles.

Caresse l'encolure de celui que tu viens chercher, puis mets-lui son licol.

Écarte les autres et emmène ton poney vers la sortie.

Sors-le du pré comme dans une stabulation.

L'approche-retrait

Ce principe s'applique face à un poney qui, au pré ou au paddock, te semble peureux ou hésitant. Il consiste à s'avancer, s'immobiliser, reculer, puis avancer de nouveau vers lui, afin de ne pas déclencher la fuite et que ton poney ne te prenne pas pour un prédateur.

En procédant avec lenteur et par étapes (avancer, reculer, avancer, etc.), tu diminueras la distance qui te sépare et tu l'approcheras progressivement (sans que sa crainte augmente suffisamment pour qu'il s'enfuie).

Lâcher son poney

Pour lâcher son poney au box, au pré, au paddock ou en stabulation, assure-toi que les autres poneys (s'il y en a), sont calmes. Éloigne-les de la porte et entre avec le tien. Reste près de l'entrée et tourne ton poney de façon à ce qu'il soit face à la porte. Détache le licol. Caresse-le quelques secondes, puis sors tranquillement du box ou du pré.

Le pansage

Pourquoi faire un pansage

Tu panses ton poney avant et après le travail. Cela te permet de le **nettoyer**, de le **masser**, et de bien **regarder son corps** pour t'assurer qu'il n'y a aucune blessure, même petite, surtout au niveau :
- de la place de la selle (garrot, passage de sangle, place du tapis...) ;
- de la place du filet, sur sa tête ;
- de la commissure des lèvres qui ne doit pas présenter de coupures ou d'écorchures ;
- de toutes les parties du corps.

Le matériel de pansage

Le matériel de pansage est constitué d'une étrille, d'un bouchon, d'une brosse douce et d'un cure-pied.

- **L'étrille** est en plastique ou en fer. Elle s'utilise sur le corps.
- **Le « bouchon »** est constitué de poils en nylon ou en chiendent assez rigides. Il s'utilise sur le corps et les membres et peut être employé pour démêler les crins de la crinière et de la queue s'il n'arrache pas les crins.
- **La brosse douce** possède des poils en soie naturelle ou en nylon. Elle s'utilise sur le corps, mais aussi pour nettoyer la tête du poney.
- **Le cure-pied** s'utilise avec précaution, car sa forme courbée et pointue peut heurter certaines parties sensibles du pied.
- **Un sac ou une caisse** permettent de ranger et de transporter facilement tout le matériel.

L'étrille

étrilles en fer **étrilles en plastique**

Elle sert à décoller les saletés (poussière, sueur, boue...) accumulées à la racine du poil.

Le « bouchon »

Il sert à enlever le plus gros des saletés décollées par l'étrille.

La brosse douce

Elle permet de lisser le poil tout en le débarrassant des dernières poussières.

Le cure-pieds

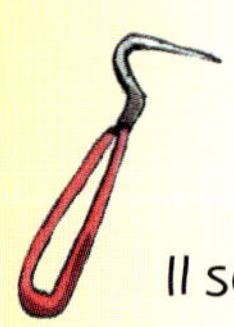

Il sert à curer les pieds (voir p. 60).

Le pansage élémentaire

Le pansage s'effectue de préférence à l'extérieur du box.

Passe d'abord l'étrille, par de grands gestes circulaires sur le corps, la croupe, l'encolure.

Le bouchon se passe ensuite sur le corps, sur la tête et dans la crinière dans le sens des crins pour les mettre dans le même sens. Il s'utilise aussi pour la queue, s'il n'est pas trop rigide (afin de ne pas arracher le poil). Place-toi à gauche de ton poney, sur le côté, prends la queue dans la main gauche et lâche progressivement les mèches, que tu brosses. Brosse enfin les membres du poney.

Le pansage se termine par **la brosse douce**, pour lisser le poil, de la tête à la queue.

La brosse douce sert à brosser la tête du poney.

Si ton poney a transpiré, tu peux d'abord le frotter avec de la paille pour aider son poil à sécher.

Avec le bouchon on enlève le plus gros des saletés sur le corps et les membres.

Curer les pieds

Avant de sortir ton poney du box, tu dois lui curer les pieds. Tu les cureras à nouveau après le travail.

Place-toi de côté, face à la croupe, dos à la tête du poney, et:

- **pour les antérieurs**, glisse ta main le long du membre en appuyant ton épaule contre celle du poney pour déplacer son poids sur l'épaule opposée [1]. Prends le pied au niveau du boulet et demande à ton poney de te donner son pied par un petit appel de la voix. Quand le pied se lève, prends-le à pleine main [2].

■ **pour les postérieurs**, caresse l'arrière-main, descends ta main le long de la jambe [3] prends le boulet par l'intérieur, puis, comme pour les antérieurs, demande-lui de te donner son pied. Lorsque le pied se dégage du sol, prends-le à pleine main [4].

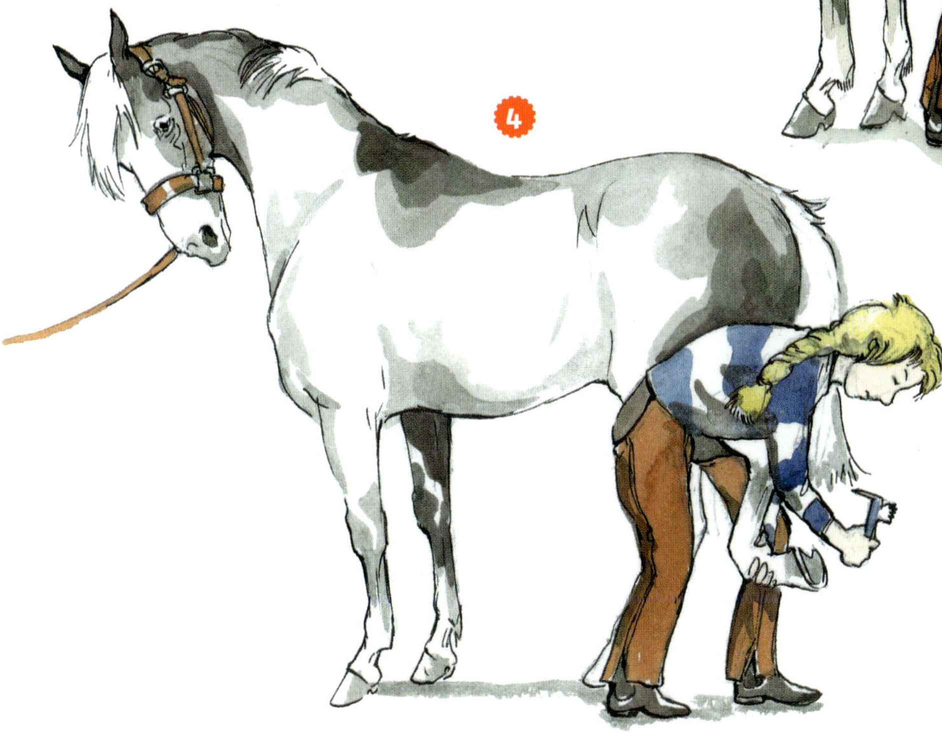

Pour curer le pied

Dégage la sole en commençant par les deux rainures (les lacunes latérales) de chaque côté de la fourchette, puis termine par le tour de la sole (juste au niveau du fer si ton poney est ferré).

N'appuie pas trop pour ne pas lui faire mal, mais suffisamment pour dégager la sole du fumier ou de la terre qu'elle peut contenir.

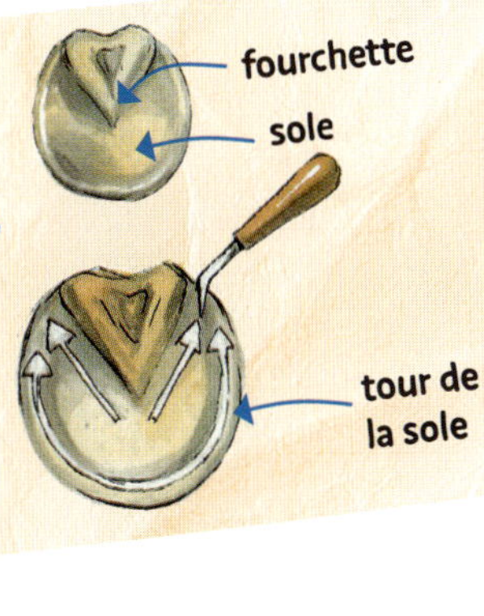

Mettre un filet

Comment mettre le filet ?

Place-toi à gauche de ton poney, met-lui le licol autour de l'encolure [1], puis :

- passe les rênes par-dessus l'encolure [2],
- passe la main droite autour du chanfrein tout en saisissant les deux montants du filet,
- prends le mors dans la main gauche, rapproche-le de la bouche du poney, puis glisse ton pouce et ton index au niveau de la commissure des lèvres [3],
- la présence de tes doigts va l'inciter à entrouvrir la bouche ; dès que c'est le cas, glisse le mors (sans te presser, afin de ne pas heurter ses dents), tout en remontant l'ensemble du filet avec ta main droite,
- passe la têtière par-dessus les oreilles en faisant attention de ne pas les écraser [4],
- il ne te reste plus qu'à sortir le toupet et à ajuster la sous-gorge et la muserolle [5].

Si le poney est attaché au licol, commence par lui mettre la selle, puis le filet.
S'il est dans son box, c'est l'inverse : mets-lui le filet puis la selle.

1 Alexandra se place à gauche de son poney.

3 Alexandra glisse le mors doucement entre les dents du poney.

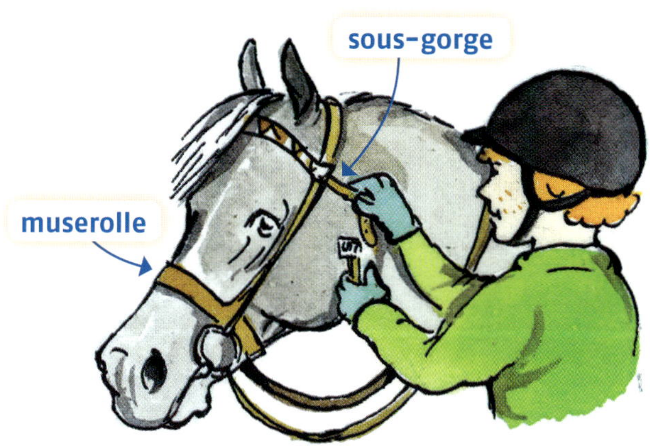

5 Alexandra attache la sous-gorge.

2 Alexandra passe les rênes par-dessus le chanfrein du poney.

4 Alexandra remonte sa main droite pour passer les oreilles du poney dans la têtière.

Tu ne risques absolument rien à mettre tes doigts dans la bouche du poney au niveau de la commissure des lèvres, car le poney n'a pas de dents à ce niveau.

Ajuster la muserolle

La muserolle sert à limiter l'ouverture de la bouche du poney. Il en existe plusieurs types, qui s'attachent de façon précise :

- la muserolle allemande se ferme par-dessus le filet,
- la muserolle française passe sous les montants du filet.

La muserolle ne doit pas être trop serrée, pour éviter gênes et douleurs chez le poney. Lorsqu'elle est fermée, tu dois pouvoir passer trois doigts entre le cuir et le poney :

- pas plus, car elle ne servirait à rien,
- pas moins, pour ne pas blesser le poney.

Les muserolles

Seller

■ Pour mettre la selle, pose d'abord le **tapis** [1] en avant du dos du poney, sur le garrot, puis fais-le glisser vers l'arrière (pour que le poil se mette dans le bon sens) jusqu'à ce qu'il recouvre encore le garrot sans plus.

■ Pose ensuite la **selle** [2] (étriers remontés, sangle posée sur le siège) de la même façon: d'abord en avant du garrot, puis en la faisant glisser vers l'arrière (en faisant attention à ce que le tapis reste à sa place).
Fais le tour du poney pour enlever la **sangle** du siège et la faire pendre (ne la laisse pas tomber, pour qu'elle ne cogne pas le membre antérieur).

■ À nouveau à gauche du poney, réajuste la place de la selle tout en **dégarrotant** le tapis. Tu dois pouvoir passer un poing entre le tapis et le garrot [3].
En dégarrottant suffisamment, tu évites que ton poney se blesse au niveau du garrot.

■ **Sangle**, sans trop serrer [4]. On dit toujours : « Sangler en trois fois : une fois quand on met la selle, une fois avant de monter, une dernière fois après la détente. »

4

■ Enfin, tu attaches la croupière en la passant sous la queue [5].

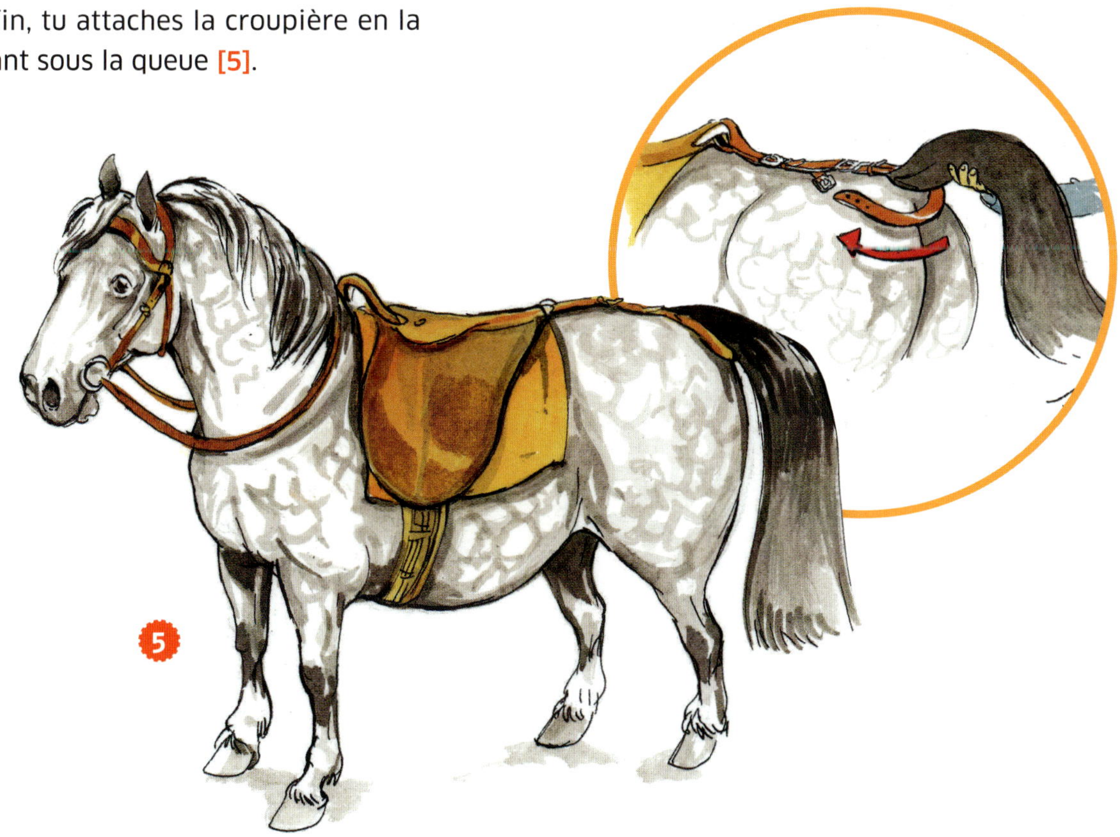

5

Faire reculer son poney contre le pare-bottes

Ton poney est contre le pare-bottes.
Place-toi sur le côté ou devant ton poney, ton corps orienté vers l'arrière-main. Avance avec franchise sans brusquerie, ton poney devrait suivre ton mouvement et reculer. Tu peux accompagner ton déplacement d'un encouragement de la voix et d'une action sur la longe. Caresse-le souvent.

Le pare-bottes est l'ensemble des planches de bois fixé au mur, le long de la piste. Il sert de protection pour toi et ton poney.

Mener son poney en main au trot

On a déjà vu comment mener son poney en main, au pas (voir p. 24).
Pour prendre le trot :

- tu prends toi-même le trot (ton poney te suit, car il suit tous tes déplacements),
- si ton poney ne répond pas, tu prends le trot et l'encourage de la voix,
- tu effectues une action progressive sur la longe.

Déplacer la tête de son poney

L'objectif de ces exercices est de déplacer la tête du poney dès que tu le lui demandes, et sans résister. C'est un signe de confiance mais aussi un moyen de développer cette confiance, sa décontraction et sa disponibilité générale.

Déplacer la tête vers le bas

■ **Ton poney est à l'arrêt sans licol**

Caresse-le pour vérifier qu'il est en confiance. Place ta main droite sur la nuque, l'autre sur le chanfrein et demande-lui de baisser la tête. Cède dès qu'il cède, insiste sans brusquerie en cas d'hésitation.

■ **Ton poney est à l'arrêt en licol**

Tends légèrement ta longe vers le bas de façon continue et attends. Dès qu'il baisse la tête, cède et récompense-le de la voix.

S'il relève la tête, ne sois pas brusque : il cherche ce qu'il doit faire. Maintiens simplement une tension constante et insiste. Cède à la moindre marque de bonne volonté.

Déplacer la tête à droite ou à gauche

Tu es à gauche de ton poney.

Pour déplacer sa tête à gauche (comme sur le dessin) tu places ta main droite au niveau de la moitié de l'encolure, puis tu amènes sa tête vers toi en repliant ton bras gauche, par une action douce mais continue sur la longe ou la rêne gauche. Dès qu'il obéit, tu arrêtes (tu cèdes), ce qui est un moyen de le récompenser. Fais le même exercice, à l'autre main, en te plaçant à droite de ton poney.

Déplacer les hanches de son poney à partir de l'arrêt

Tes gestes doivent toujours être doux. Tu dois guider ton poney, lui faire comprendre ce que tu souhaites, sans jamais t'énerver ni devenir brutal (ce qui aurait l'effet strictement opposé).

Pour déplacer les hanches autour des épaules, place-toi à gauche de ton poney (en licol ou en filet) de trois quarts face aux hanches. Ta main gauche tient la longe ou la rêne gauche, la main droite est prolongée par un stick.

Tu effectues une flexion de la tête sur l'encolure et tu pousses les hanches en touchant le postérieur gauche de façon répétée, avec ta cravache.

Le poney déplace ses hanches autour de ses antérieurs.

Ton action doit être délicate car le poney ne doit pas fuir, mais déplacer ses hanches; tu dois garder l'impression que sa tête reste « légère » dans ta main.

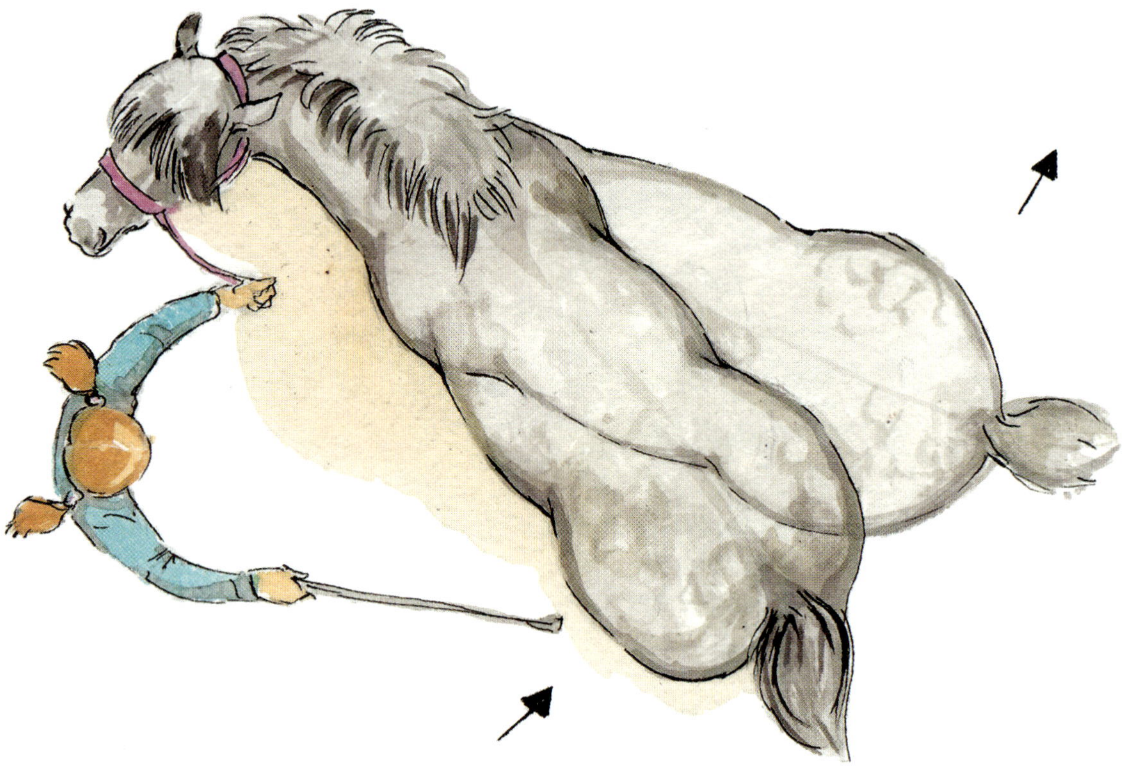

Déplacer les épaules de son poney à partir de l'arrêt

Pour déplacer les épaules de ton poney vers la droite, autour des hanches, tu te places à gauche du poney, à mi-encolure, les rênes ou la longe de licol dans la main gauche et la cravache dans la main droite. Tu avances en poussant l'avant-main de tes deux mains comme si tu voulais contourner ton poney. Regarde par-dessus son encolure, ce qui t'aidera à situer ton propre mouvement dans l'espace et par rapport à lui.

Cet exercice n'est pas difficile pour le poney. **Si les hanches** ne restent pas en place et se déplacent vers toi, pose ta cravache sur sa fesse, ce qui les immobilisera.
Fais le même exercice, à l'autre main, en te plaçant à droite de ton poney.

Ton poney doit rester confiant et respectueux.
Il est attentif : observe ses oreilles et son regard.
Il est décontracté : son encolure est relâchée.

Les principales parties de la tête

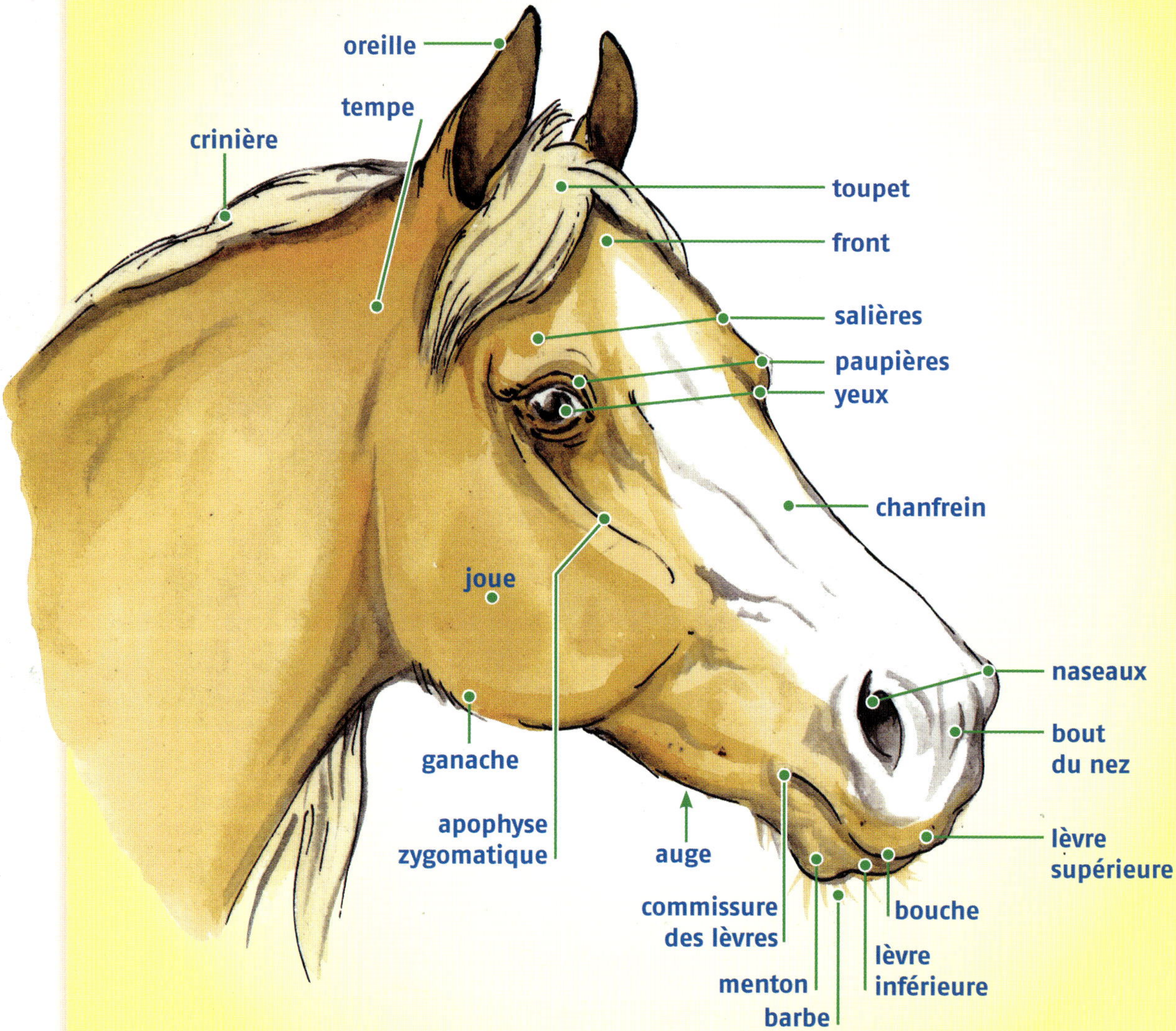

Les principales parties des membres

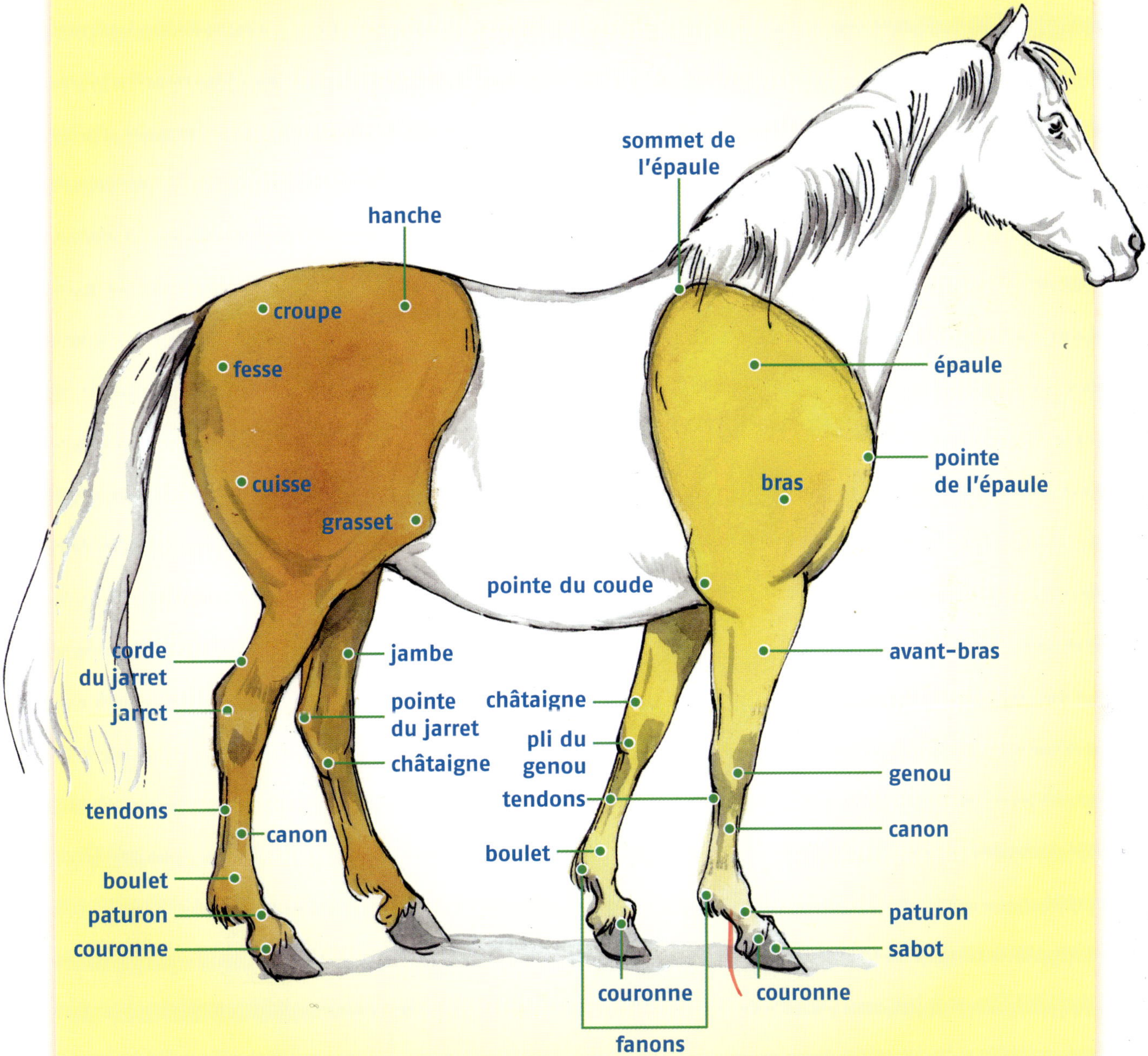

Galop 2

Sur le

Se mettre en selle avec étriers

1

2

Conseils pour se mettre à poney

– N'enfonce pas la pointe de ton pied gauche dans le corps du poney.
– Prends bien appel avec ta jambe droite et ne te contente pas de tirer sur tes bras.
– Hisse-toi rapidement.
– Ne reste pas trop longtemps debout sur l'étrier gauche car l'excès de poids d'un côté entraînerait un déséquilibre chez ton poney.
– Ne cogne pas la croupe avec ta jambe droite.
– Ne t'assieds pas lourdement sur le dos du poney.

Après avoir effectué le **préréglage de tes étriers** (voir p. 74), passe les rênes par-dessus l'encolure et mets-toi à poney.

Place-toi à gauche, au niveau de l'épaule du poney, en direction de la croupe :

- prends les deux rênes dans la main gauche, et raccourcis-les jusqu'à ce qu'elles soient suffisamment tendues pour éviter que le poney avance, mais sans lui tirer sur la bouche,
- saisis une poignée de crins de la même main,

poney

3

4

- tourne le dos à sa tête, tourne la branche extérieure de l'étrier de la main droite pour la mettre face à toi,
- place ton pied gauche [1], saisis le troussequin de la main droite [2],
- puis, en prenant appel sur le pied droit et en t'aidant de tes deux bras, hisse-toi et dresse-toi sur la jambe gauche [3],
- passe ensuite la jambe droite par-dessus la croupe pour te mettre en selle [4],
- assieds-toi avec légèreté,
- déchausse ton étrier gauche et laisse pendre tes jambes pour être assis d'aplomb et vérifier la longueur de tes étriers (voir p. 75).

Dans tous les cas, attends l'ordre de ton moniteur ou de ta monitrice pour monter à poney.

Régler ses étriers à pied

Tu commences à monter avec des étriers.
Régler ses étriers s'effectue en deux temps :

- un préréglage à pied,
- une « finalisation » en selle.

À pied, l'étrivière est de bonne longueur si elle reste tendue lorsque tu places le plancher de l'étrier sous ton aisselle et le poing au niveau du porte-étrivière (voir la description des éléments de la selle et de l'étrier page 43).

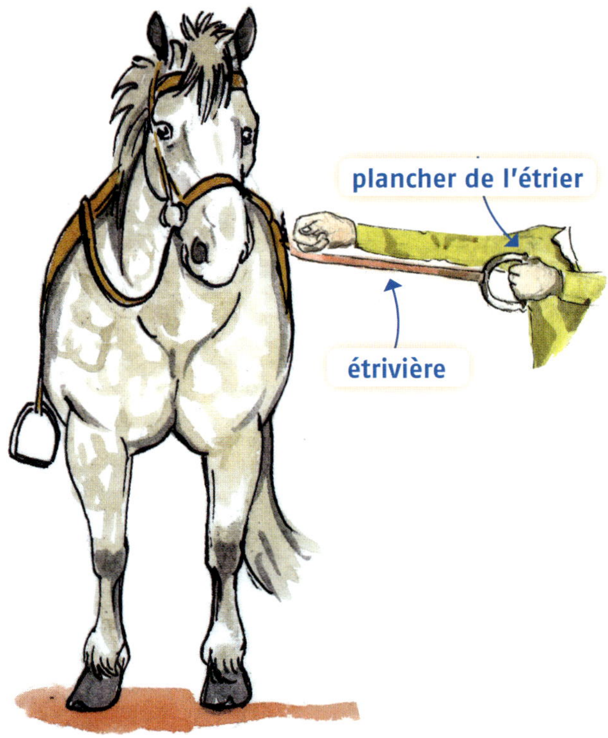

Ressangler à poney

Pour ressangler à poney :

- le poney est arrêté (éventuellement quelqu'un le tient), tes deux rênes sont dans ta main gauche,
- avance ta jambe en avant du quartier de la selle,
- soulève le quartier de ta main libre (si tu as une selle),
- cherche le contre-sanglon,
- tire-le à toi, tout en posant l'index sur l'ardillon pour l'engager dans le trou du porte-sanglon.
- replace correctement ta jambe et rechausse ton étrier quand ton poney est ressanglé.

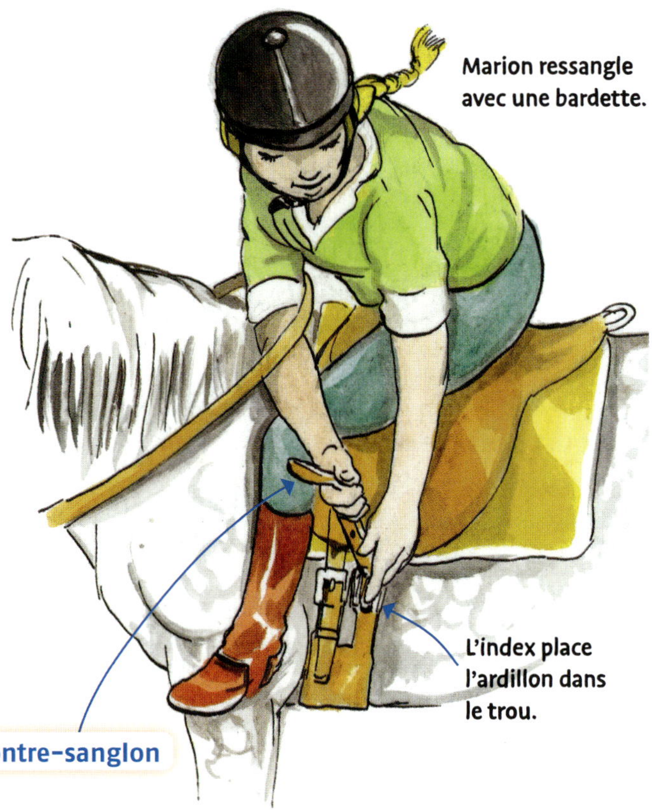

Régler ses étriers à poney

Les planchers des étriers doivent être au niveau des chevilles lorsque tes deux étriers sont déchaussés, que tu es assis d'aplomb, que tu es droit, et que tes deux jambes tombent naturellement [1].

Si tes étriers sont :
– trop courts, tu seras trop loin au-dessus de ta selle et ne parviendras pas à t'asseoir,
– trop longs, tu risques de bloquer une des articulations de tes jambes et de ne pas avoir les talons sous les fesses.

Pour régler tes étriers :
le poney est arrêté, éventuellement quelqu'un le tient,

- tes deux rênes sont dans une main [2],
- avance ta jambe en avant du quartier de la selle,
- aide-toi de tes deux mains dans les premiers temps pour rallonger ou raccourcir l'étrivière ; puis entraîne-toi à le faire d'une main, en te servant de ton index pour trouver le trou et y placer l'ardillon.

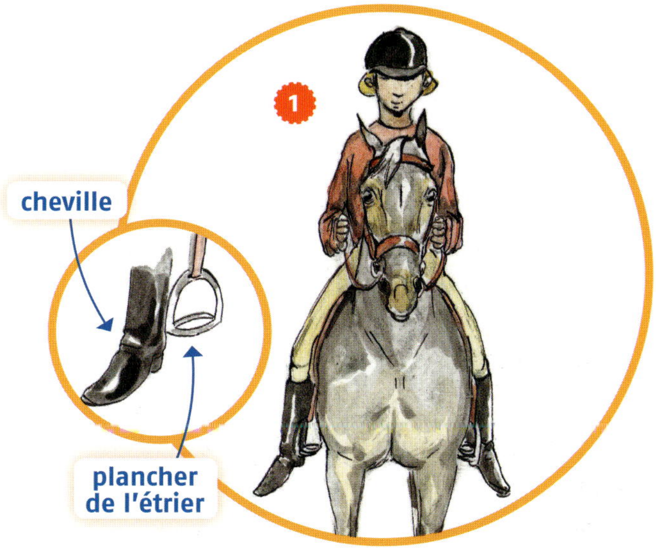

La bonne longueur

Chausser ses étriers

Pour chausser tes étriers à l'arrêt ou au pas, remonte tes pointes de pied, puis rentre-les vers l'intérieur, en direction du corps du poney. En principe, tes pieds rencontrent tout naturellement les planchers des étriers. Si tu fais de grands mouvements de jambes ou si tu remontes tes jambes pour les chercher, tu n'as aucune chance de réussite, au contraire [1].
L'étrier **se chausse au tiers du pied** [2] :
– trop chaussé, il coince le pied et empêche la cheville de fonctionner,
– chaussé du « bout des pieds », tu auras tendance à pousser sur tes talons, ce qui avancera tes jambes et reculera tes fesses.
Une fois les étriers chaussés, les étrivières sont sur leur plat et non tordues ; elles suivent la forme de la jambe.

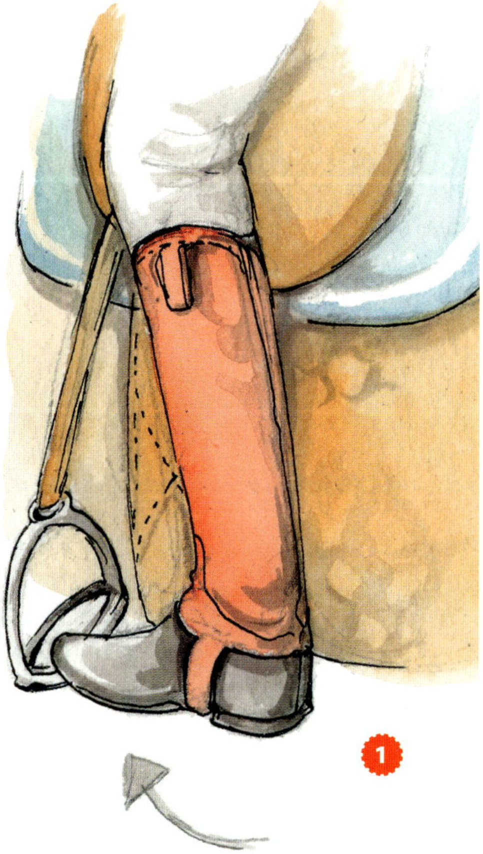
1

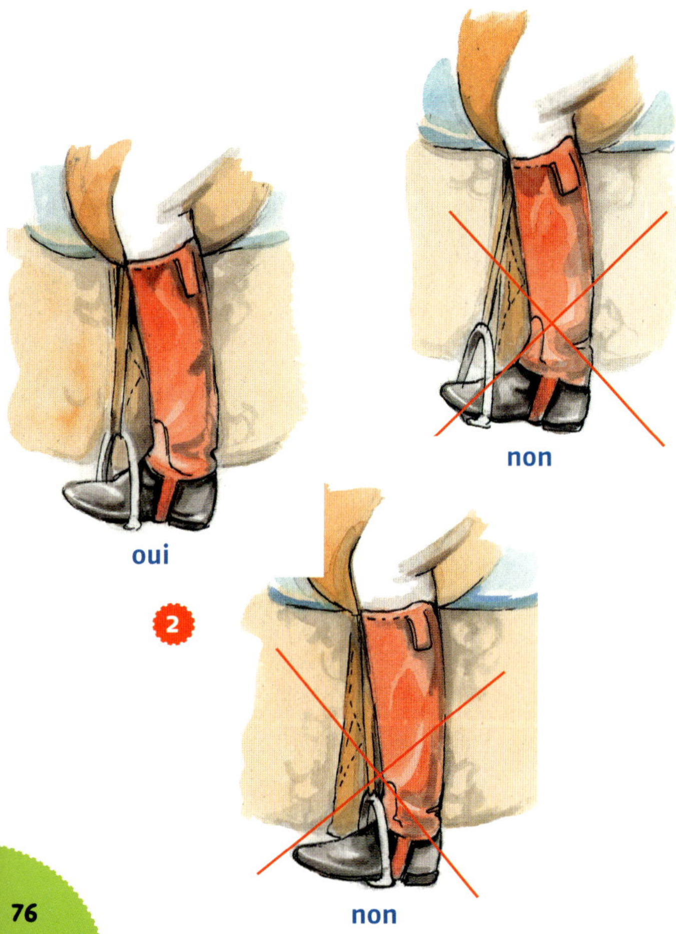

2

Conseil

Il est important de s'entraîner à chausser et à déchausser ses étriers, sans l'aide de ses mains, quelle que soit l'allure.

Pour te donner toutes les chances de réussir cet exercice reste redressé, la tête droite et le regard loin devant toi.

Si tu regardes tes pieds, tu te pencheras en avant et tu serreras forcément tes jambes pour ne pas tomber ; tu n'auras alors aucune chance de réussir.

Ajuster ses rênes

Pour guider ton poney et lui transmettre tes intentions, tu dois **ajuster tes rênes**. Tes rênes doivent être suffisamment courtes pour avoir un contact avec la bouche du poney (trop longues et sans contact, l'information ne peut pas passer), tout en permettant à ta monture de détendre son encolure.
Les rênes sont alors un « fil conducteur » entre les mains du cavalier et la bouche du poney.
Il existe deux façons de faire :

1. les deux rênes dans une main, tu poses l'autre main en avant de la première à la place voulue. Tu tends tes deux rênes avec cette main avancée, puis replaces l'autre, qui reprend alors la rêne ajustée [2 et 3].

2. une rêne dans chaque main, tu peux aussi « grignoter » le cuir en avançant tes doigts petit à petit jusqu'à obtenir la longueur désirée sur chaque rêne.

Les rênes sont de la bonne longueur quand tu as créé un contact avec la bouche de ton poney tout en ayant tes bras et tes mains devant toi, les coudes à demi ployés et en avant de ton corps. Tes actions s'effectuent alors vers l'avant (le flot des rênes est à droite).

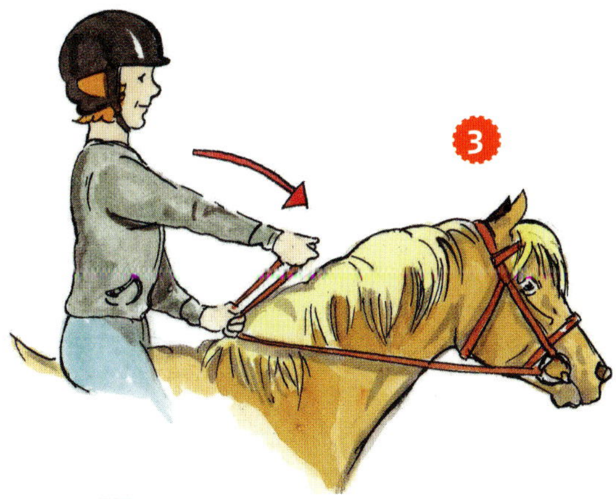

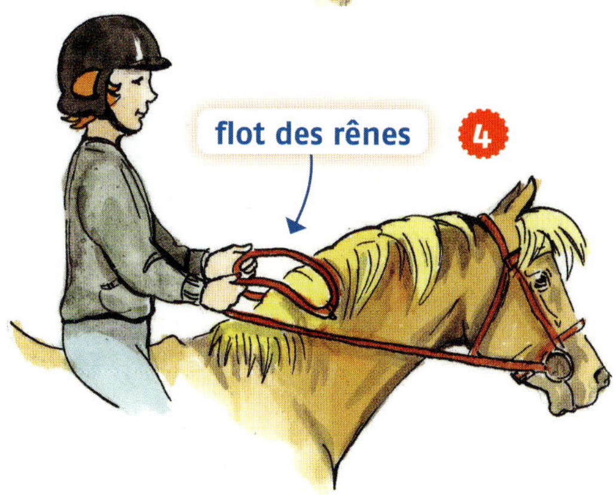

Prendre et se servir d'une cravache

Si ton poney répond peu ou pas aux jambes, tu peux te servir d'une cravache. C'est ton moniteur ou ta monitrice qui te dira si tu peux en prendre une.

La cravache se prend dans la main, en même temps que la rêne [1].

Elle s'utilise derrière la jambe, en « **rappel à l'ordre** ». La réponse aux jambes est quelque chose « d'appris » chez le poney, non un réflexe.

Pour te servir d'une cravache, ferme tes jambes, relâche-les puis, si le poney ne répond pas, prends tes deux rênes dans une main et donne-lui un petit coup bref et « claquant » en arrière de ta jambe, à la place où elle doit agir [2]. Ton poney « s'enfuira » vers l'avant.

On appelle cela la « **leçon de jambe** ».

Dans tous les cas, fais bien attention :

- que le coup ne « résonne » pas dans la bouche du poney,
- que tu ne te retrouves pas accroché à tes rênes s'il fait un bond en avant.

Piste à main gauche ou à main droite ?

Si ta main qui se trouve vers l'intérieur du manège est la gauche, tu es **à main gauche**, et tu tournes dans le sens inverse des aiguilles d'une montre.
Si ta main qui se trouve vers l'intérieur du manège est la droite, tu es **à main droite**, et tu tournes dans le sens des aiguilles d'une montre.

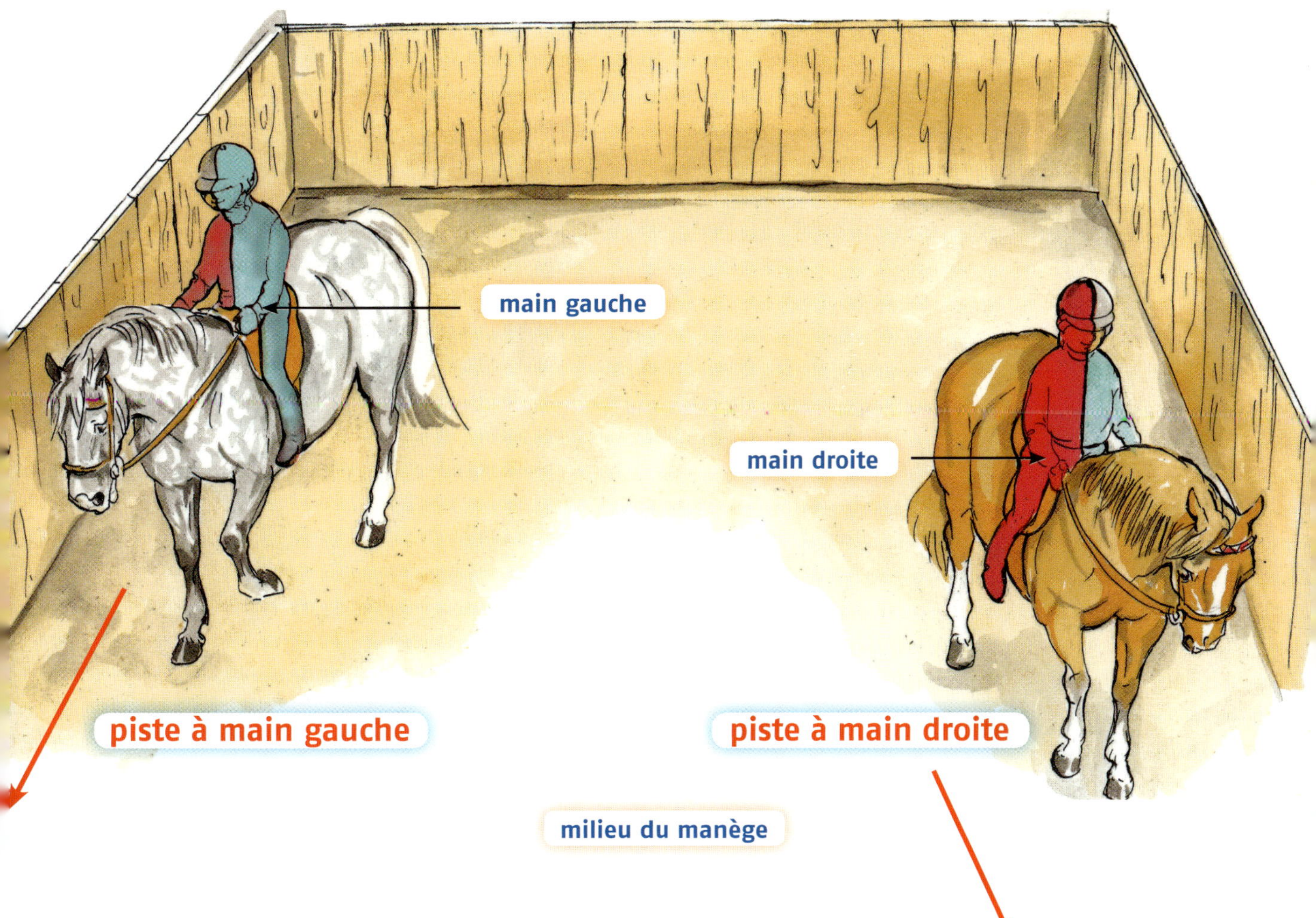

Trotter

Pourquoi trotter enlevé ?

Le trot enlevé permet de ne pas subir les secousses du trot assis. Tu peux trotter plus longtemps sans te fatiguer. Au trot enlevé, tu es plus à l'aise et plus fixe qu'au trot assis. Le trot enlevé est généralement utilisé en extérieur ou à l'obstacle.

Il consiste à **s'enlever un temps sur deux** et ainsi à se retrouver un temps sur deux « en équilibre » et un temps sur deux assis.

Pour apprendre à trotter enlevé

Tu peux apprendre à trotter enlevé, de la position d'équilibre ou de la position assise.

- **De la position d'équilibre** (voir p. 88), tu trottes d'abord en équilibre, en tenant éventuellement une poignée de crins, les fesses le plus près possible de la selle sans pour autant être assis. Les articulations de tes jambes sont toutes molles, tu as l'impression qu'elles sont comme un ressort.

Tu cherches alors à t'asseoir un temps, puis à te relever, pour t'asseoir à nouveau... et ainsi de suite.

■ **De la position assise**, avance légèrement tes épaules vers l'avant, aide-toi d'une poignée de crins, puis lève-toi, rassieds-toi, lève-toi à nouveau, etc.

Petit à petit, tu seras assis (un temps) [1], en l'air (un temps) [2], assis (un temps) [3], en l'air (un temps)... Le rythme exact, en accord avec le poney, viendra assez vite. Tu le ressentiras de toi-même.

Conseil

Pour t'aider, tu peux compter «un», «deux», «un», «deux», «un», «deux»...

Les principaux défauts du trot enlevé

– se lever trop haut de sa selle (en poussant sur ses jambes au lieu de se laisser enlever),
– agiter ou lever les mains en même temps que son buste,
– se raccrocher aux rênes pour conserver son équilibre,
– se redresser exagérément en cambrant le rein,
– être penché en avant avec les fesses exagérément en arrière,
– retomber lourdement dans sa selle,
– conserver des genoux «vissés»,
– avoir un talon plus haut que la pointe des pieds et garder une cheville bloquée,
– avancer ses jambes en se levant de la selle.

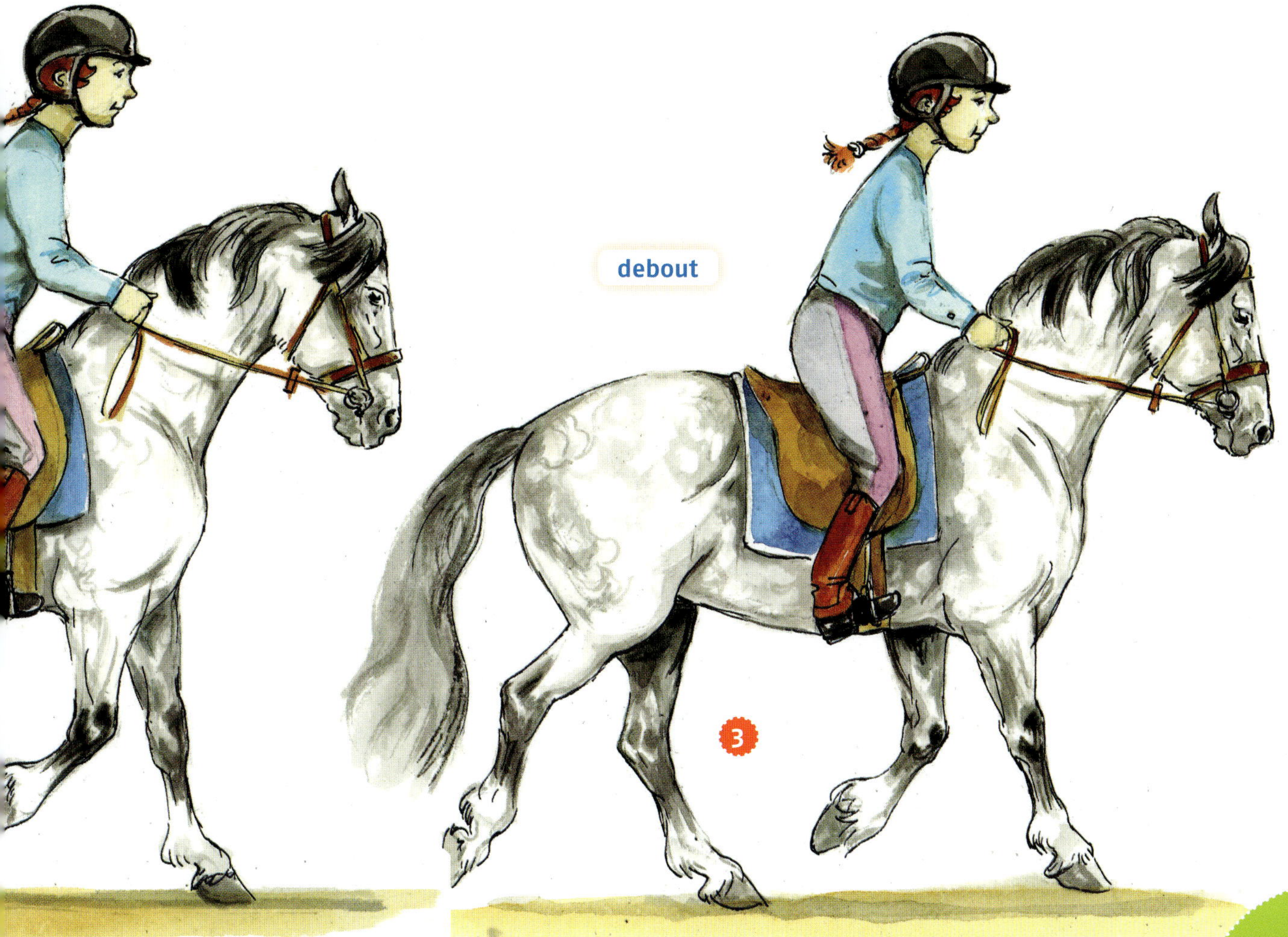

Lâcher les rênes, les reprendre et les ajuster au trot enlevé

Cet exercice a pour but de perfectionner ton équilibre au-dessus de tes pieds et de **perfectionner ton trot enlevé**.

Tu es capable de lâcher, de reprendre et d'ajuster tes rênes sans modifier ton trot enlevé ni tomber dans les principaux défauts. C'est le signe que tu maîtrises ton équilibre.

Trotter assis dans une bonne posture

Le trot exige une souplesse maximale de ton rein (c'est la partie basse de ton dos).

C'est principalement sans étriers que tu apprends le mieux à te lier à ton poney.

Pour te lier intégralement au mouvement, tu dois :

– amortir le « choc » de la montée du dos du poney en avançant le bassin et en arrondissant le rein,

– laisser ton rein reprendre sa place pendant la descente du dos du poney, pour que tes fesses ne perdent pas le contact avec la selle.

Conseil

Grandis-toi, les épaules légèrement en arrière, afin que le rein, soulagé du poids des épaules, puisse jouer librement.

Galoper

Partir au galop

Tes départs au galop se perfectionnent. Tu n'as plus besoin de te pencher en arrière et d'attraper le pommeau de ta selle : tu es redressé et tu conserves tes deux rênes ajustées (avec ou sans étriers).

Ton départ s'appelle un « **départ au galop par perte d'équilibre** ».

- tu écartes la rêne extérieure (côté pare-bottes) afin de mettre la tête du poney vers l'extérieur, ce qui l'incite à garder la piste,
- la rêne et la main intérieures restent à leur place,
- tu es redressé, le haut du corps très légèrement vers l'arrière, afin d'assurer ton équilibre et de mettre ton rein dans une attitude lui permettant de fonctionner au galop,
- tu prends le trot,
- à la faveur du tournant, tu agis avec tes jambes pour demander le galop.

Si ton poney **ne prend pas le galop**, tu ralentis son trot, puis tu redemandes le départ.

Conseil

Avant tout exercice :
– (re) place ton bassin,
– redresse-toi,
– relâche tes jambes,
– (ré) ajuste tes rênes.

Galoper assis dans une bonne posture

Conseil

Tes aides doivent être passives, muettes, si tu n'en as pas besoin.

Le galop est une allure basculée, sautée, à trois temps, auxquels s'ajoute une période de projection.

Le mouvement du rein y est similaire à celui que tu as sur un poney à bascule en bois.

Reste bien redressé et garde tes épaules légèrement effacées: cela permettra à ton rein de jouer son rôle.

C'est ton bassin qui doit suivre le mouvement du poney, pas tes épaules.

Maintenir le galop

Une fois au galop, tu dois **maintenir l'allure**. Pour cela:

- accompagne le galop avec ton rein,
- relâche tes jambes afin de ne pas « tenir » le galop (de peur que le poney repasse au trot), ni blaser ton poney avec des jambes serrées,
- ne fais rien s'il n'y a rien à faire (ton poney doit galoper tout seul, sans ton aide ni ton insistance),
- agis dès que tu sens le galop ralentir, et cesse d'agir (cède) quand le résultat est obtenu.

Changer d'allure

Conseils pour changer d'allure

– N'oublie pas de raccourcir tes rênes après chaque transition, notamment les transitions descendantes car les rênes ont toujours tendance à se rallonger à ces moments-là.
– Pense à rester droit lors de tes transitions montantes pour être « emporté » dans l'allure supérieure (ne te penche pas en avant : ce sont les jambes qui provoquent le départ et non le haut du corps).

Pour changer d'allure à volonté (arrêt/pas, pas/trot, trot/galop), tu restes en équilibre au-dessus de tes pieds, les rênes ajustées ; l'action de tes aides (mains et jambes) ne doit pas perturber ton équilibre.
Souviens-toi que les changements d'allure et de direction ont toujours tendance à **perturber ton équilibre** et donc ta stabilité.
Pour effectuer une **transition descendante** (du galop vers le trot, du trot vers le pas, du pas vers l'arrêt), assieds-toi et redresse ton buste ; on dit que tu dois mettre « le haut du corps et les épaules au bout de tes bras ». Puis, tout en restant redressé, soutiens tes poignets et agis de façon discontinue avec tes mains jusqu'à ce que tu obtiennes ce que tu souhaites.
Dans le cas particulier d'une transition du galop au trot, continue d'agir si ton poney repasse dans un « grand » trot jusqu'à obtenir un trot plus ralenti.
Pour effectuer une **transition montante** (vers l'allure supérieure, de l'arrêt vers le pas, du pas vers le trot, du trot vers le galop) ferme progressivement tes jambes jusqu'à l'obtention de l'allure.

Les lettres de manège

Le manège et la carrière sont « balisés » par différentes lettres. Les mêmes lettres sont aux mêmes places dans tous les manèges.
Elles ont de nombreux avantages :
- elles permettent de se repérer dans l'espace,
- elles permettent au cavalier confirmé d'être précis dans ses tracés,
- enfin, elles servent de « points de repère » lors des compétitions de dressage.

Tu dois mémoriser l'ordre et la place de ces lettres, ainsi que la distance qui les sépare.

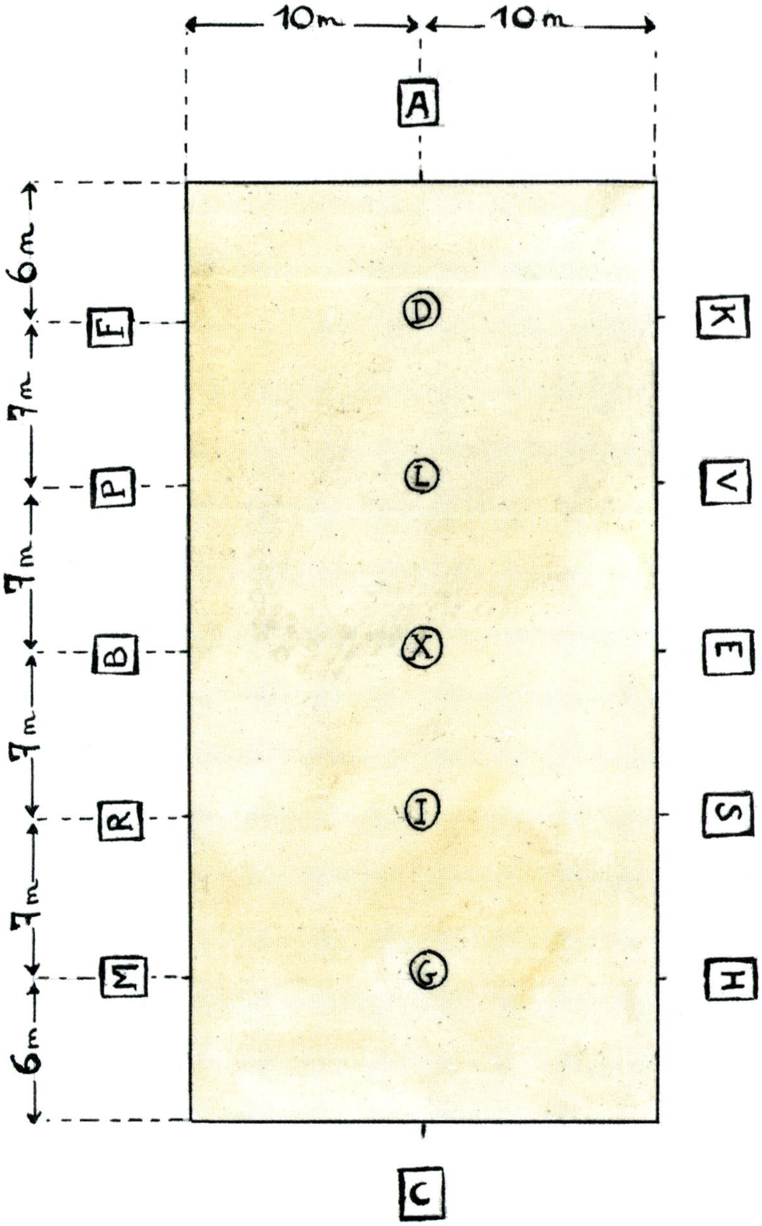

Les figures de manège

Les figures de manège apprennent à **diriger**, c'est-à-dire à gérer l'impulsion (avancer) et la direction (tourner), et à devenir précis.
Tu dois apprendre :
- à faire des cercles ronds,
- à quitter et revenir à la piste là où tu le souhaites et non où ton poney le veut,
- à imposer ta volonté pour des tracés précis,
- à te repérer dans le manège ou dans la carrière.

On distingue les doublers dans la largeur, les doublers dans la longueur, les cercles, les voltes, les diagonales, et les serpentines.

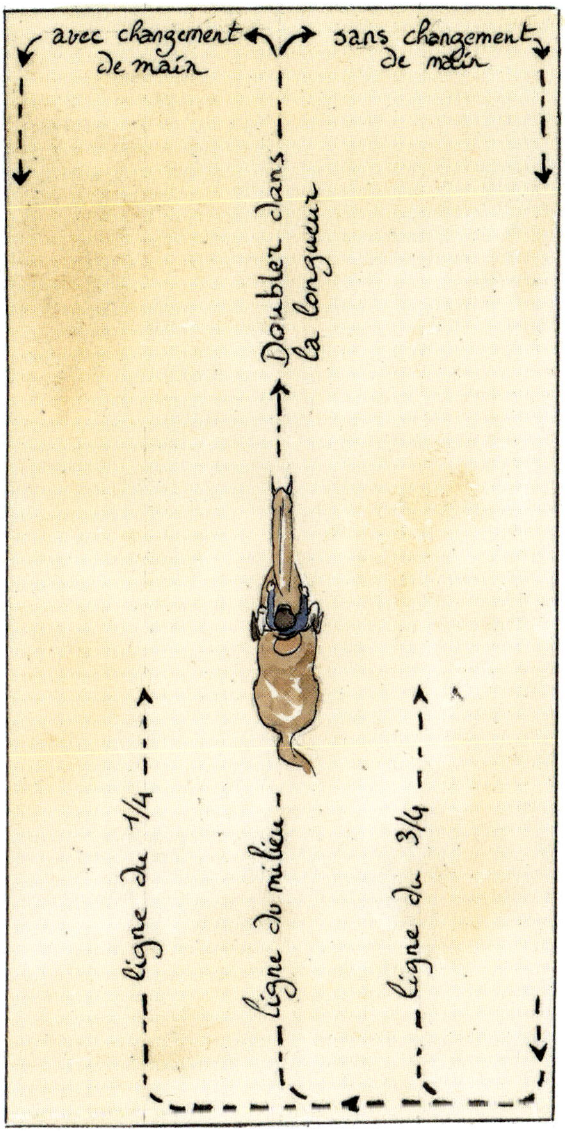
avec changement de main
sans changement de main
Doubler dans la longueur
ligne du 1/4
ligne du milieu
ligne du 3/4

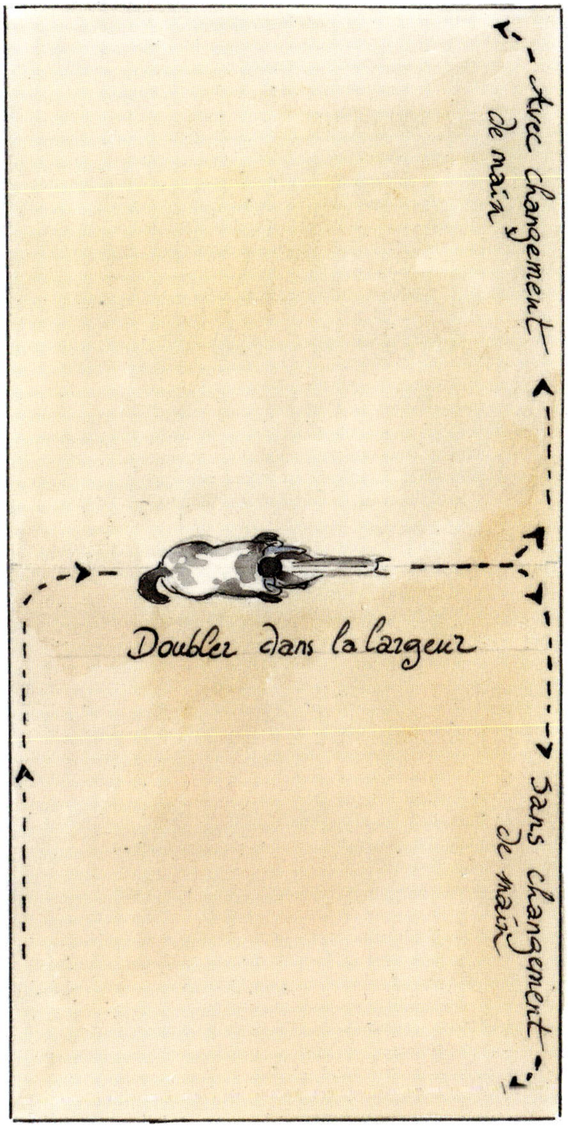
Avec changement de main
Doubler dans la largeur
sans changement de main

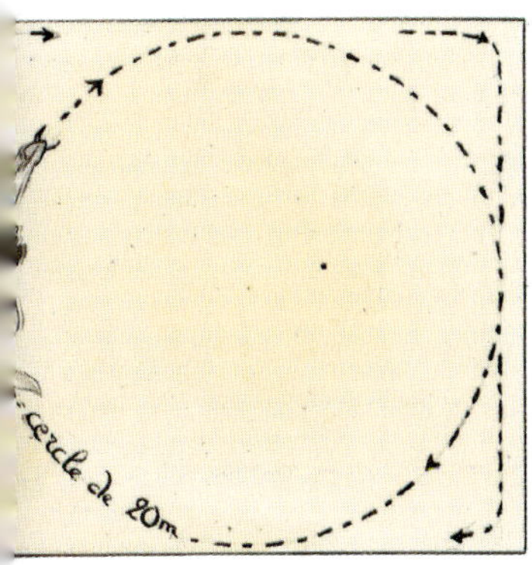
cercle de 20m

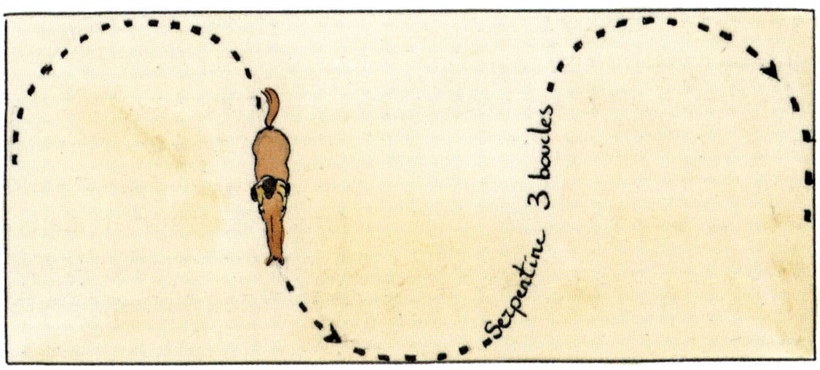
Serpentine 3 boucles

Sauter un petit obstacle

Les premiers sauts au trot ou au galop s'effectuent en **position d'équilibre**.
L'obstacle est généralement contre le **pare-bottes** et encadré d'une « oreille » (barre posée sur le chandelier et sur le sol pour « canaliser » le poney).
Il est toujours de faible hauteur (environ 30 cm).
Ton moniteur ou ta monitrice te donnera tous les conseils nécessaires.
Pour bien réussir, tu dois :

- rester en équilibre sur des jambes souples : ne te raidis pas !
- garder tes talons bas et les mains devant toi. Les bras devant toi te permettront de garder ta position et ton équilibre.
- prends un peu de crinière.
- regarde loin devant toi, que ce soit avant, pendant ou après le saut.
- il ne te reste qu'à prendre l'allure demandée (trot ou galop) et à la conserver jusqu'à l'obstacle.
- après le saut, reprends le trot puis le pas et caresse ton poney.

La position d'équilibre

La position d'équilibre peut être maintenue longtemps sans fatigue et te permet de moins subir les mouvements du poney, ce qui te rend plus fixe et toujours plus précis.
Ton poney est plus libre de ses mouvements, ce qui lui permet de fonctionner correctement

et de pouvoir galoper vite ou d'aller facilement sauter.

En équilibre, tu es près de ta selle sans être assis, et tu laisses les articulations des hanches, des genoux et des chevilles amortir l'allure, comme si elles étaient des ressorts.

Tes talons sont vers le bas, le poids du corps dans les talons.

Tu peux évidemment ralentir, accélérer ou tourner tout en restant en position d'équilibre.

Descendre et rentrer à l'écurie

À la fin de la séance, tu t'arrêtes sur la ligne du milieu, dans le manège ou la carrière, parallèle aux autres cavaliers, en gardant environ 5 mètres entre chaque poney.
Quand ton poney est bien arrêté:

- tu gardes tes rênes ajustées en les tenant à plat avec la main gauche au niveau du garrot,
- tu déchausses tes deux étriers si tu en as [1],
- tu te penches légèrement vers l'avant, puis tu passes la jambe droite par-dessus la croupe,
- tu te laisses glisser sur le côté [2],
- tu remontes tes étriers,
- tu dessangles un peu ton poney [3],
- tu attends l'ordre du moniteur pour rentrer à l'écurie, les rênes sur l'encolure, ou tenues par les deux mains [4].

3

Conseils pour remonter ses étriers

Une fois que tu descends de ton poney, et avant de rentrer à l'écurie, tu remontes tes étriers afin qu'ils ne pendent pas le long de la selle :
– prends l'étrivière au niveau de l'œil de l'étrier (voir description de l'étrier p. 43),
– laisse l'étrier pendre vers le bas, puis remonte-le jusqu'au couteau,
– passe l'étrivière dans l'étrier et fais une boucle autour de la branche ou du plancher.

4

Galop 2

En descendant

Entretenir le harnachement

Il est impératif que le harnachement soit toujours propre :
- les cuirs non entretenus peuvent casser et blesser le poney,
- les mors non nettoyés s'usent et s'abîment plus vite ; ils risquent de blesser le poney et ne sont pas hygiéniques,
- les tapis sales se durcissent, blessent le poney et peuvent entraîner des infections,
- il en va de même pour les sangles sales,
- ainsi que pour les protections.

Entretenir le harnachement lui permet de durer longtemps et te permet de **vérifier son état** : coutures intactes, non usées, mors ne présentant pas d'imperfection, de zones d'usure, etc...

Tu dois entretenir ta selle, mais aussi le filet.

- La **sangle** et les **protections** se brossent après chaque usage afin d'enlever le plus gros de la saleté, puis se lavent avec une éponge humide si elles sont en toile, avec une éponge et du savon glycériné si elles sont en cuir.
- La **selle** peut être nettoyée après chaque usage grâce à une éponge, un seau d'eau et du savon glycériné. Fait tous les jours, cela peut suffire.

Sinon, elle est graissée une fois par mois (ou une fois par semaine si elle sert tous les jours) avec une graisse spéciale pour cuir qui lui assurera une bonne protection.

Pour cela, retire d'abord la sangle, les protège-sanglons et les étrivières. Passe l'éponge savonneuse (ou la graisse) sur toutes les parties sans exception (matelassure, sous les petits quartiers, sous les quartiers...). Nettoie les étrivières. Brosse puis nettoie les étriers avec une éponge et de l'eau.

Graisse (sans excès) chaque partie à l'aide d'une graisse spéciale pour les cuirs, à l'aide du chiffon ou de tes doigts.

Le harnachement est l'ensemble des pièces qui sert à équiper le poney : la selle, la bardette, le filet, etc...

du poney

- Pense à laver régulièrement le **tapis** :
- une fois par semaine minimum en hiver s'il sert tous les jours,
- tous les jours ou tous les deux jours en été.

- Le **filet** se nettoie après chaque usage grâce à une éponge, un seau d'eau et du savon glycériné. Si non, il est graissé une fois par mois (ou une fois par semaine s'il sert tous les jours), avec une graisse spéciale pour cuir qui lui assurera une bonne protection.

Pour entretenir quotidiennement le filet avec du savon glycériné, tu le suspends à un crochet (à hauteur des yeux), tu rallonges les montants au dernier trou, et tu déboucles la muserolle et la sous-gorge. Tu mouilles légèrement l'éponge et tu la frottes sur le savon. Attention de ne pas mettre trop d'eau sur ton éponge. Enfin, tu savonnes le cuir des deux côtés.

Une fois nettoyé, il faut réajuster le filet à sa longueur d'origine.

Le mieux, lorsqu'il s'agit d'entretenir le filet avec de la graisse, est de le démonter entièrement. Tu verras cela au Galop 4.

Le mors est rincé dans un seau d'eau, en faisant attention de ne pas mouiller les montants de filet en cuir.

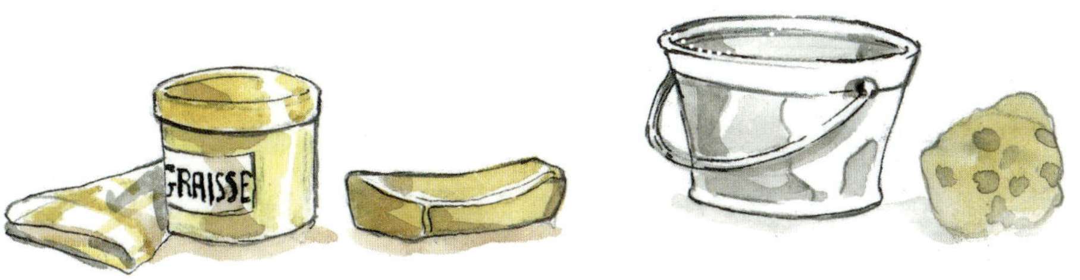

Distribuer les aliments

En principe, **chaque poney possède une petite pancarte, sur la porte de son box**, sur laquelle sont mentionnés ce qu'il mange et en quelle quantité.

La distribution des aliments s'effectue régulièrement et à heures fixes. Si le premier repas est à 8 h, il ne peut être donné à 6 h un jour et 9 h le lendemain. Il est indispensable de garder 8 h.

La quantité inscrite doit être respectée. Tu ne peux pas donner « un peu plus » ou « un peu moins » car « il a bien travaillé » ou parce « qu'il est méchant ». Si ton poney grossit ou maigrit, c'est l'enseignant(e) qui réajustera la ration.

La distribution des aliments doit toujours s'effectuer avec la présence de l'enseignant, du soigneur, ou d'un adulte qui en a l'habitude.

Les granulés sont donnés après le fourrage.

Quand tu distribues les aliments tu dois toujours en profiter pour vérifier que la mangeoire et l'abreuvoir sont propres.

Marie-Laure douche les membres de son poney.

Élisabeth fait brouter son poney après la reprise.

Alice et Alain nourrissent les poneys.

Sandrine graisse les pieds de son poney.

Un peu de

Les comportements des poneys entre eux

Les chevaux domestiques ont les mêmes comportements que les chevaux « sauvages ».
Les chevaux vivent en groupe. Le groupe représente la sécurité, contrairement à l'isolement. C'est pour cela qu'ils ont tendance à rester l'un contre l'autre en reprise ou au pré. Pendant que certains dorment, somnolent ou broutent, un autre monte la garde. Il déclenchera la fuite du groupe si nécessaire.
Ils ont naturellement besoin de sécurité.
Pour les jeunes, les jeux et la vie dans le groupe leur permettent de se connaître et d'acquérir de l'expérience. Ils forgent ainsi leur personnalité et la place qu'ils auront dans le groupe une fois adultes.

Ils ont besoin de se rouler, de marcher longuement. Ils utilisent la plupart de leur temps à manger.
La roulade permet au poney de se gratter, de faire tomber les poils morts et les parasites, et de se masser. Il est très important qu'il puisse se rouler quand il le souhaite.

Les jeux permettent de se forger sa personnalité.

Prends un stylo et un carnet, place-toi au bord du pré ou du paddock et apprends à observer le comportement des poneys (voir p. 45).

théorie

Ces deux-là sont amis. Ils se grattent mutuellement le garrot.

Les poneys ont besoin de se rouler par terre.

Dans la nature le cheval passe 3/4 de son temps à manger.

Les cinq sens du poney

Le poney perçoit l'environnement grâce à ses cinq sens : la vue, l'ouïe, l'odorat, le toucher et le goût.

La vision

Le poney est extrêmement sensible aux mouvements, même lointains, qualité indispensable pour repérer les prédateurs. C'est pourquoi il peut s'effrayer de mouvements brusques de notre part. Ses yeux positionnés sur le côté lui permettent une vision quasi panoramique. Il voit en partie le cavalier qui est sur son dos (jambes, mouvements de cravache).

– Il voit mieux que nous dans l'obscurité, même s'il ne voit pas aussi bien qu'un chat.

– Il perçoit assez bien les couleurs, mais différemment de nous, selon les contrastes et les reflets : il voit bien le jaune, le blanc, le noir et le bleu, mais moins bien le rouge, le marron, le gris et le vert.

L'ouïe

Extrêmement sensible, son ouïe lui permet d'entendre les mêmes sons que nous, ainsi que certains ultrasons (moins que le chat ou le chien). Grâce à la mobilité de ses oreilles, il est souvent à même de les localiser avec précision, sans bouger la tête.

Comment communiquent les poneys et les chevaux ?

Ils communiquent de façon :
– auditive (hennissements, couinements, appels sourds, gémissements, souffles, ébrouements, ronflements) ;
– olfactive (par l'odorat) ;
– tactile (quand ils se bousculent, se mordent, se tapent du pied, ou lorsqu'ils se toilettent mutuellement avec les dents) ;
– et visuelle (voir p. 47).

L'odorat

Très développé, l'odorat lui permet d'identifier ses congénères, un objet qui lui fait peur, un prédateur ou de reconnaître sa nourriture. Lorsqu'il est très intéressé par une odeur, le poney adopte une posture appelée flehmen.

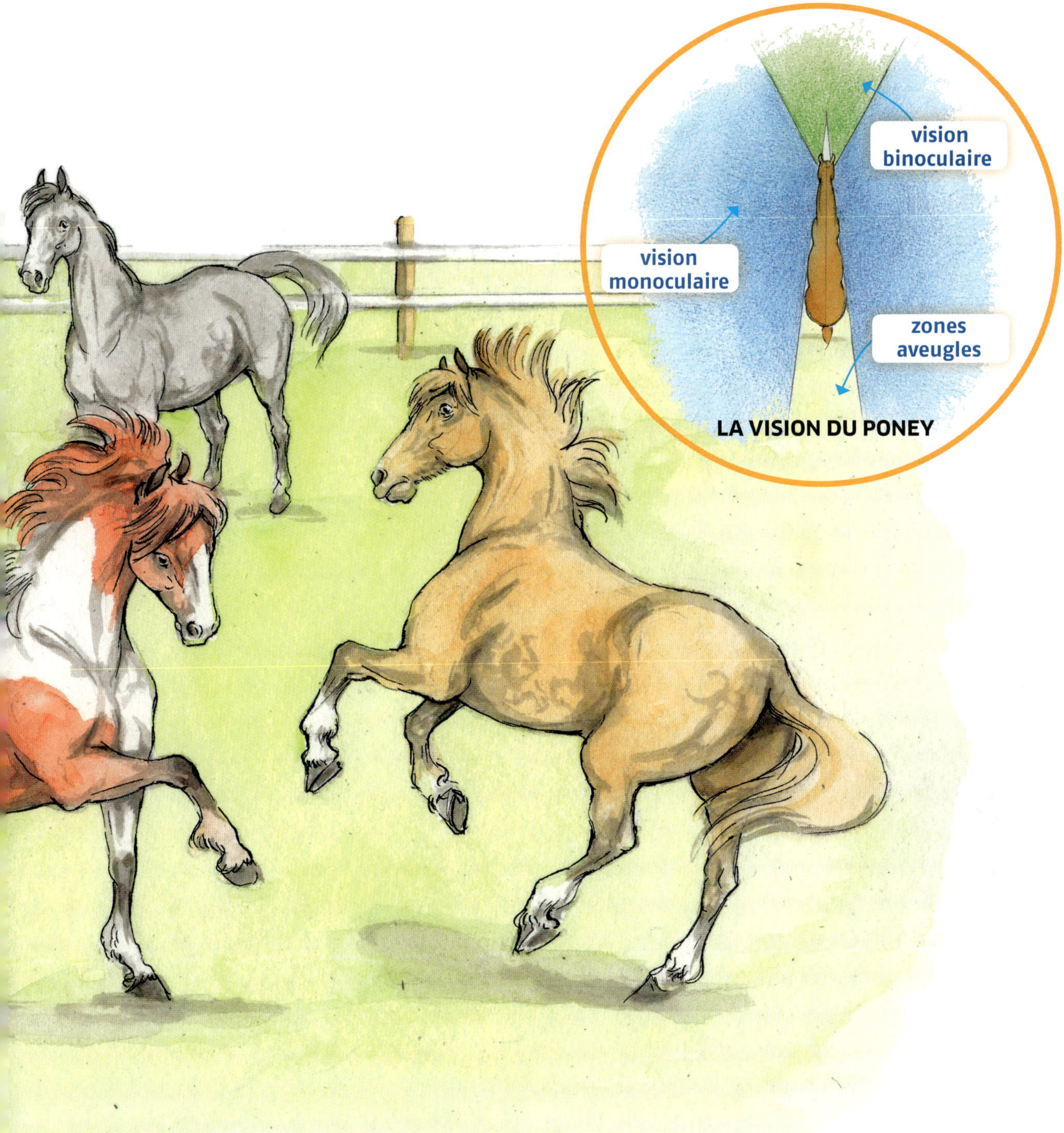

Le toucher

Tous les poneys sont sensibles au toucher, mais chaque poney possède sa propre sensibilité. Ils aiment se toiletter mutuellement « entre amis ». Le poney possède des poils tactiles (appelés vibrisses) sur le nez, le menton et autour des yeux. Il ne faut pas les lui couper. Ces poils lui permettent de s'approcher très près d'un objet sans le voir.

Le goût

Le poney est sensible au goût. D'après les scientifiques, il distingue l'amer, le sucré, le salé et l'acide.

Le comportement alimentaire du poney

Le poney est un herbivore (il mange de l'herbe) dont l'appareil digestif est fait pour recevoir de petites quantités d'aliments toute la journée et de façon continue.
L'idéal, pour un poney, est de vivre au pré ou d'y aller chaque jour. Mais tous les clubs ne peuvent offrir cette possibilité. Le poney vit alors au box et mange entre 3 à 5 fois par jour, en plus de sa paille.
La ration d'un poney dans un club varie en fonction de son poids, de la nature et de l'intensité de son travail, et parfois de la saison. Elle diminue lorsque le poney est malade et consigné dans son box.

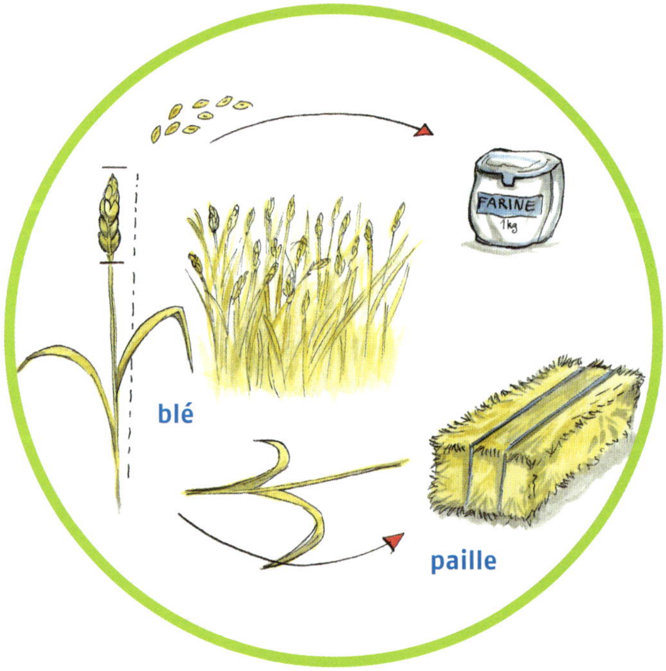

La paille et le foin

La paille peut être de blé, d'avoine, d'orge ou de seigle et est surtout utilisée pour la litière. Le poney en a une consommation variable et ceux qui en mangent trop sont mis sur copeaux. Elle sert surtout de lest et n'a pas une grande valeur alimentaire.
Le foin est de l'herbe de prairie naturelle, coupée à l'époque de la floraison, puis séchée avant d'être mise en bottes ou en ballots. Il existe des foins de prairies artificielles, généralement appelés par le nom de la plante qui les constituent: luzerne, trèfle, sainfoin...
C'est un aliment complet qui fournit tout ce dont le corps a besoin. Il est donné en plus de l'alimentation
Un bon foin est sec, craquant, dégage une bonne odeur et n'est ni poussiéreux ni moisi.

Les grains

L'avoine est l'aliment énergétique traditionnel de base. Elle peut être blanche, grise ou noire, et doit être brillante, odorante, ni poussiéreuse, ni souillée et facilement glisser dans la main. Elle est donnée cuite, concassée, germée ou entière.

L'orge peut remplacer l'avoine, notamment chez les chevaux qui ont l'intestin échauffé ou pour ceux qui sont nerveux et chauds. Elle doit être aplatie ou macérée.

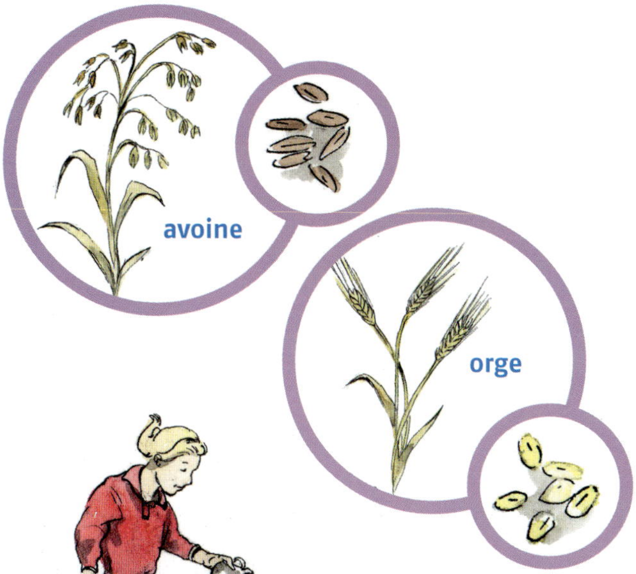

Les granulés

Les aliments complets industriels, généralement appelés granulés, sont un mélange de céréales, de foin ou de pulpe de betterave, de vitamines et d'un supplément de minéraux. Ils sont secs et nécessitent que le poney puisse boire à volonté.

L'importance de l'eau

L'eau est indispensable à la vie du poney. Il doit pouvoir consommer entre 25 et 60 litres par jour d'une eau claire, propre et à température moyenne. Cela équivaut de 2 à 6 seaux de taille moyenne (10 l).

La température de l'eau doit être supérieure à 8°. Une eau trop froide risque de favoriser des coliques, et une eau trop chaude ne désaltère pas.

Un poney dans un pré peut boire dans une rivière, mais les eaux stagnantes (mares et étangs) sont à éviter car elles peuvent être la cause de graves maladies (elles sont chargées de matières organiques, de végétaux et de parasites).

Après le travail, il faut éviter que le poney boive trop goulûment de l'eau trop fraîche ; tu peux l'en empêcher en lui relevant la tête ou en lui mettant quelques brins de paille dans son abreuvoir ou dans son seau pour l'obliger à aspirer par petites gorgées.

L'eau doit toujours être à la disposition du poney. Il ne doit jamais en manquer. L'abreuvoir automatique répond à ce besoin, à condition que tu vérifies tous les jours qu'il est propre et en parfait état de marche.

Si l'eau est dans un seau, ce dernier doit être suffisamment grand, et de préférence en plastique (le métal peut devenir coupant s'il s'use). Tout comme l'abreuvoir, tu dois vérifier sa propreté chaque jour et évidemment, le remplir très régulièrement.

Les autres robes

Au Galop 1, tu as appris à reconnaître les robes de base de la sous-famille du noir, du bai et de l'alezan.
Au Galop 2, tu apprends à reconnaître les **« autres » robes de base** (gris, crème, chocolat et blanc), et tu regardes si ton poney a des poils blancs ou noirs dans sa robe.

Dans la sous-famille des noirs, tu peux rencontrer des poneys :

Noir : très rare, les crins et les poils sont entièrement noirs.
Noir pangaré : mêmes caractéristiques que précédemment, mais le cheval possède quelques poils fauves sur les naseaux, les flancs, les grassets, les coudes, le ventre, les inters-ars, l'intérieur des cuisses.

Dans la sous-famille des bais, tu peux rencontrer des poneys :

Bai : les poils sont de couleur fauve et les crins (crinière et queue) sont noirs.
Isabelle : les poils sont jaunes (sur peau noire) et les crins noirs.
Souris : les poils sont gris cendrés, comme chez les souris, sur une peau noire, les crins sont souvent noirs.

Dans la sous-famille des alezans, tu peux rencontrer des poneys :

Alezan : les crins sont de même couleur que la robe, c'est-à-dire fauve.
Alezan brûlé : l'alezan brûlé est beaucoup plus sombre que l'alezan.
Palomino : il a des poils fauves clairs, plus ou moins dorés (ils ont la couleur d'une pièce d'or neuve), et des crins blancs, argent, clairs ou ivoire, toujours plus clairs que les poils.
Café au lait : les cafés au lait sont assez rares. Ils ont les poils et les crins café au lait, et une peau claire, mais pas rose. La robe peut être claire, ordinaire ou foncée.

isabelle

noir pangaré

souris

Dans la sous-famille des « autres » robes, tu peux rencontrer des poneys :

Chocolat : un poney chocolat est très rare. Ses crins et ses poils sont chocolat sur une peau foncée.

Gris : les chevaux gris ont les poils et les crins mélangés de noir et de blanc.

Crème : les chevaux crème ont les poils crème, les crins de blanc à grisâtre, la peau rose, et les yeux clairs (bleus, verts ou noisette).

Blanc : un poney « blanc » est très rare. Il doit avoir des poils et des crins blancs, la peau rose, et des sabots clairs (ni noirs, ni blancs).

chocolat

gris

crème

Les robes mélangées et à taches

Si le poney présente des poils blancs ou noirs dans une robe de base, il faut examiner leur importance, leur étendue, et les dessins qu'ils forment.

Si ces poils sont mélangés à la robe, il s'agit d'une **robe mélangée**. S'ils forment des bandes, des points, des flocons, ou de larges taches, il s'agit d'une **robe panachée** (pies ou tachetées).

Famille	Sous-famille	Robes ou caractéristiques
Robes de base	Le noir	Noir, Noir pangaré
	Le bai	Bai, Isabelle, Souris
	L'alezan	Alezan, Alezan brûlé, Palomino, Café au lait
	Les « autres »	Chocolat, Gris, Crème, Blanc
Robes mélangées	Grisonnant, etc...	
Robes panachées	Type pie et tacheté	

Les aides pour avancer

Les aides pour avancer désignent les moyens qui te permettent de créer, d'entretenir et de diriger **l'impulsion** ; elles peuvent être naturelles ou artificielles (voir p. 52).
Pour avancer de l'arrêt au pas, ou du pas au trot, tu te sers de tes jambes. Elles agissent par degrés, en fonction de la réponse du poney :
- par des pressions discontinues, d'arrière en avant [1],

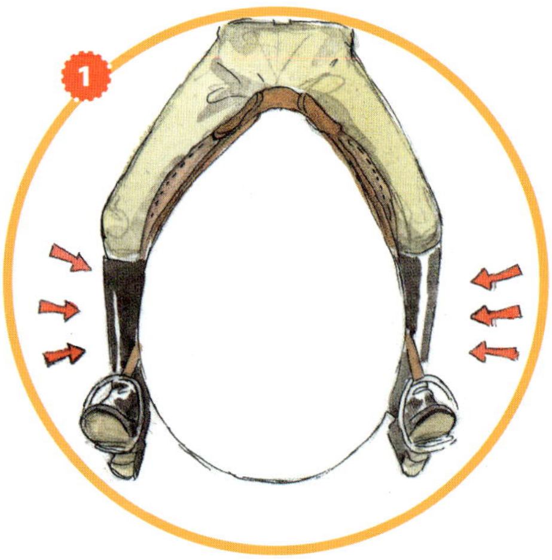

- par des petits coups de talon, s'il n'y a pas de réponse du poney,
- par un coup de talon associé à un petit coup de cravache, en dernier recours.

Tu dois être assis d'aplomb (c'est-à-dire le même poids dans les deux fesses) pour que tes jambes agissent de façon symétrique.
Lorsque tu te sers de tes jambes, tu baisses tes mains afin de diminuer la tension des rênes.
Une fois que le poney répond, tu cesses d'agir : c'est ce que l'on appelle **céder**.
Reste redressé, laisse-toi porter par l'allure.
Pour entretenir l'allure, tu utilises tes jambes si l'activité de ton poney diminue, tes mains si elle augmente.
Pour ralentir, passer à l'allure inférieure ou t'arrêter, tu te sers de tes mains. Tu agis sur la bouche du poney par l'intermédiaire des rênes et du mors.

La cravache peut renforcer l'action de tes aides pour avancer (voir p. 78). Plus tard, tu pourras aussi te servir d'éperons.

L'impulsion

L'impulsion est le désir du poney de se porter en avant. Chez certains poneys, ce désir est naturel, chez d'autres, il est acquis par le dressage. Il dépend du tempérament, mais aussi de la race : certaines races dites « de sang » ont naturellement plus d'impulsion que d'autres.

Les races de chevaux et de poneys

Il existe de nombreuses races de chevaux et de poneys en France et dans le monde. La notion de race est définie par l'homme en fonction de critères physiques selon un standard de race, et parfois de besoins ou d'usages.

On distingue :

- **les races de chevaux d'origine française :** l'anglo-arabe, le camargue, le castillonnais, le poney de Henson, le mérens, le selle français et le trotteur français ;
- **les chevaux de traits d'origine française :** l'ardennais, l'auxois, le boulonnais, le breton, le cob normand, le comtois, le percheron, le poitevin mulassier et le trait du nord ;
- **les poneys d'origine française :** le poney français de selle, le poney landais, le pottok ;
- **les races de chevaux étrangères :** akhal-téké (Turkménistan), appaloosa (États-Unis), barbe (Maghreb), le poney crème (États-Unis), le frison (Pays-Bas), l'islandais (Islande), le lipizzan (Slovénie), le lusitanien (Portugal), le paint horse (États-Unis), le pur race espagnol (Espagne), le quarter horse (États-Unis), l'hanovrien (Allemagne), le pur-sang, l'AQPS (Autre Que Pur-Sang), etc.
- **les races de poneys étrangères :** le fjord (Norvège), l'haflinger (Autriche), le connemara (Irlande), le shetland (Écosse), le welsh (Royaume-Uni), le new-forest (Royaume-Uni), le dartmoor (Royaume-Uni), etc.
- Dans les clubs, tu peux aussi rencontrer l'âne.

pur-sang

fjord

shetland

trotteur français

anglo-arabe

selle français

camarguais

Les principales disciplines équestres

L'équitation peut se pratiquer en toutes saisons, quasiment dans tous les pays du monde, sur tous les reliefs (en montagne, en campagne, au bord de la mer...).
Il existe un grand nombre de disciplines très différentes.
Les Jeux Olympiques (JO) ont lieu tous les quatre ans en dressage, saut d'obstacles et concours complet. Les Jeux équestres mondiaux (JEM) ont lieu tous les quatre ans (en alternance avec les JO) en dressage, saut d'obstacles, concours complet, attelage, reining, endurance, voltige et dressage para-équestre (disciplines reconnues comme internationales par la Fédération Équestre Internationale – FEI).

Les disciplines aux jeux mondiaux

- **Le dressage** est considéré comme la discipline fondamentale.
La compétition s'articule autour de reprises imposées (suite de mouvements définis) ou libres (mouvements précis, en fonction du niveau, à enchaîner selon son choix) en musique (appelée Kür ou RLM, reprises libres en musique).
- **Le Concours de Saut d'Obstacles (CSO)** est une succession d'obstacles mobiles à franchir dans un ordre précis, au chronomètre ou dans un temps imparti, sans en faire tomber les barres.
- **Le Concours Complet d'Équitation (CCE)** est composé de trois disciplines : une reprise de dressage, un parcours d'obstacles et un parcours de cross. Le cross se déroule sur un terrain naturel et comporte des obstacles fixes imitant les obstacles naturels et de profils différents (troncs, directionnels, contre-hauts, contre-bas, haies, fossés, gués, etc.). Il s'effectue à une vitesse (on parle du train) supérieure à celle employée en CSO (500 à 570 mn contre environ 400 mn). Dans une compétition de CCE, le classement est déterminé par la somme des résultats aux trois épreuves.
- **La compétition d'attelage** s'articule autour de trois disciplines : le dressage, le marathon et la maniabilité. Comme en cross, le classement est déterminé par la somme des résultats aux trois épreuves.
- **Le reining** est une discipline issue de l'équitation de travail américaine consistant à enchaîner des figures

vérifiant la maniabilité du poney, la finesse de son dressage et l'harmonie du couple.

■ **L'endurance** se pratique en individuel ou en équipe et consiste à parcourir une distance plus ou moins longue (en fonction du niveau), à vitesse libre ou imposée, et ponctuée d'examens vétérinaires.

■ **La voltige** se pratique sur un poney en longe, sur un cercle, au pas ou au galop. Le voltigeur, individuellement ou en équipe, exécute des figures imposées ou libres et en musique.

Dans ton club, tu peux aussi pratiquer :

■ **le horse-ball,** (deux équipes de six cavaliers ramassent un ballon muni d'anses pour l'envoyer dans des buts situés en hauteur),

■ **le polo** (deux équipes de quatre cavaliers envoient une balle dans des buts à l'aide d'un maillet),

■ **la voltige en ligne** (ou cosaque),

■ **les pony-games** (jeux à poneys),

■ **l'équifeel** (jeux à pied),

■ **l'équifun** (jeux de maniabilité chronométrés),

■ **le hunter** (parcours de saut d'obstacles dans lequel sont jugés l'harmonie, le style et la technique du couple),

■ **le TREC** (Technique de randonnée équestre de compétition),

■ mais aussi **l'amazone**, les différentes disciplines de l'équitation américaine, l'**équitation camarguaise**, la **Doma Vaquera,** etc.

Les règles élémentaires de sécurité

L'équitation n'est pas un sport dangereux. Mais, de par les nombreuses particularités du poney, il existe quelques consignes à respecter, à pied ou à poney.
La tenue doit être adaptée, certains vêtements sont même à éviter car dangereux.
Le port du casque est obligatoire.
La licence fédérale est une assurance qu'il vaut mieux avoir.

À l'écurie

- Ne surprends jamais ton poney (ni en entrant dans son box, ni en passant derrière lui...).
- Ouvre les portes en grand lorsque tu le sors ou le rentres au box, car il pourrait se cogner les hanches en sortant, ou refuser d'entrer.
- Tourne-le face à la sortie avant de lui retirer son licol au box ou au pré.
- Ne joue pas à côté des chevaux.
- Ne cours pas dans les écuries.
- Ne fais pas de vélo, de rollers ou de la trottinette dans les écuries.
- Évite de passer un mètre derrière un poney (passe devant, ou juste derrière la croupe, ou quatre mètres derrière).

Avec un poney en main

- Respecte tes distances si tu suis un autre poney.
- Fais attention pour deux, surtout lorsque tu passes à côté d'un cycliste, d'un piéton, d'un véhicule à moteur... ou d'une aire de bricolage...
- Ne lâche jamais ton poney.

À pied dans le manège

- Assure-toi que personne n'est sur la piste avant d'entrer dans le manège.
- Aligne-toi sur la ligne du milieu, en gardant environ 5 mètres entre deux chevaux, n'hésite pas à sortir des rangs pour mieux te replacer si besoin est.
- Vérifie toujours le harnachement et le sanglage avant de monter.
- Prends le temps de régler tes deux étriers, car cela conditionne en partie le reste de ta séance.
- Reste arrêté tant que tout le monde n'est pas à poney.

En reprise

- Garde tes distances (on dit que tu dois pouvoir apercevoir, entre les deux oreilles de ton propre poney, les pieds postérieurs du poney qui est devant toi).
- Si tu es gêné par le poney qui est devant toi, évite de le doubler (comme en voiture) : demande à ton moniteur l'autorisation de faire une figure de manège pour reprendre tes distances ou changer de place dans la reprise.
- Respecte les règles de priorité (priorité à main droite et/ou à l'allure supérieure).

à mettre en pratique à poney

- Demande l'autorisation d'enlever ta veste si tu as chaud, afin que ton enseignant tienne ton poney.
- Ne hurle pas comme sur un terrain de jeu.
- Respecte les consignes de ton moniteur.

En extérieur

- Reste en reprise.
- Garde tes distances.
- Ne mets pas pied à terre sans autorisation,
- Évite de prendre des distances pour rattraper au trot ou au galop.
- Évite de t'arrêter et de le laisser brouter lorsque les autres continuent d'avancer,
- Choisis les allures en fonction du terrain,
- Ne galope que lorsque tu as une bonne visibilité.
- Fais passer les messages de l'avant vers l'arrière de la reprise (« on va partir au trot », « au pas », « raccourcissez vos rênes », « attention à la branche », « à la pierre » ou « au trou »...).
- Signale tout incident.
- Garde tes rênes ajustées et reste toujours vigilant (même avec « le plus gentil des chevaux »).
- Respecte les autres et souvent fais attention pour eux : les piétons ne se rendent pas toujours compte de ce qu'est un poney, il faut leur expliquer gentiment et croiser les autres au pas.
- Respecte les chemins privés, les champs cultivés.
- On traverse les routes tous ensemble,
- Respecte le code de la route (un cavalier est assimilé à un véhicule).
- Reviens au pas à l'écurie.
- Ne pars pas avec des bijoux (que tu pourrais perdre), ni avec des colliers, de grandes écharpes ou des boucles d'oreilles qui peuvent se prendre dans une branche d'arbre.
- Le dernier de la reprise est un confirmé qui ferme la marche et veille à ce que chacun conserve ses distances (pas de reprises en accordéon).

Notes

Boutique, dazzy, Canel, toison d'or mais pony préféré. Mes amis préféré - Et Aminata, et Erwan, Julia, Joanna, Camille, Sandra, Jane.

IMPRIM'VERT®

Imprimé en France par I.M.E. – 25110 Baume-les-Dames
N° d'édition : 70119163-01 - Dépôt légal : août 2014